中公新書 2630

沼野雄司著

現代音楽史

闘争しつづける芸術のゆくえ

中央公論新社刊

はじめに

本書が主な対象とするのは、二十世紀から二十一世紀初頭にかけてのクラシック音楽の創作である。

クラシック音楽といえば、バッハやベートーヴェンといった、既に何百年も前にこの世を去った作曲家の作品を、指揮者やピアニストが特別な技術を駆使して演奏する……こうしたイメージを持つ方がほとんどだろう。しかし当然ながら、二十世紀に入っても膨大な数の作曲家たちが、それぞれに工夫を凝らしながら、新しい作品を世に送り出してきた。

一般に「現代音楽」という、やや奇妙な名で呼ばれているこの種の音楽は、普段、われわれがテレビなどで耳にする楽曲とは多くの点で異なっているから、いくぶん取っつきにくい部分もある。とはいえ、同じく「難解」であるはずの現代美術や建築、そして映画や文学などと比べた時に、現代音楽が十分に知られていないように見えるのはどうしたことだろうか。

視覚表現や身体表現、そして言語と比べた時、音というのは存在からして抽象的ではある。何をいわんとしているのかはもちろん、その作品がいったいどういう形をしているのかさえ、時として捉えることが困難だ。だから美術を楽しむのに特別な訓練は必要なくても、音楽に関しては、アマチュアの聴き手にさえある種の音楽能力が必要だと考えられている節がある。多くの人が抵抗なく「現代美術館」に足を運ぶのに、現代音楽となると二の足を踏むのも理解できなくはない。

しかし、この抽象的な素材を用いた音楽というメディアは、むしろその抽象性ゆえに、まるで鏡のようにして二十世紀の社会や思想を映し出しているようにも筆者には思われる。この時代ならではの、さまざまな理想と現実をめぐる闘争や挫折が、小さな楽曲の中に封じ込められているように感じられるのだ。

現代音楽の歴史を追いながら、二十／二十一世紀という時代を逆照射すること、これが本書の主な狙いである。

そして、他の現代芸術と同じように、現代音楽の妙味は、それが人間の想像力の限界に挑むゲームのような様相を呈している点にある。進歩や新しさに対するせっかちなまでの希求は現代ならではの特徴だが、音楽の分野でも、この志向はいかんなく発揮されている。時には崇高な、時にはバカバカしく思われるアイディアが次々に展開される様子は、ごく単純にいってかなりスリリングだ。その魅力をぜひ多くの人に紹介したい。

これまでにも、内外において少なからぬ数の現代音楽史が書かれてきた。

本書も、ある程度はその図式を踏襲することになるが、しかし新書というコンパクトなサイズをむしろ逆手にとって、随所で積極的な読みも仕掛けてみたいと思う。結果として、全体は音楽史の概説書という体裁を取りながらも、時として「批評」に近づくことになるだろう。批評といっても、この作曲家は才能があるとか、この曲は駄作だとかいう価値判断を下そうというわけではない（時にはそんなニュアンスを帯びてしまうことがあるかもしれないけれども）。ここでいう批評とは、特定の楽曲や現象を、時代や地域といったコンテクストの中に置き、その意味に迫ろうとする作業を指している。だから本書においては、単に「良い音楽・すぐれた作品」を紹介するというよりも、出来る限り、その音楽がはらむ「問題」に焦点をあててみたいと考えている。

以下、各章の概要を、簡単に述べておきたい。

まず第1章では、現代音楽の出発点を、シェーンベルクによる「私的演奏協会」という不思議な団体の発足に見る。この協会のあり方は、第一次世界大戦という大きな歴史的断絶の後で新しい創作が追い込まれた隘路を、はっきりと示していよう。

第2章で扱われるのは、大戦後にあらわれたもう一つの道だ。「新古典主義」と呼ばれるこの動きは、社会体制の変化や、メディアの急速な発展のもとで、意外なほどの拡がりをみせることになった。この運動は決して古典への退行などではなく、むしろ切羽詰まった前進といってよい。

第3章では、旧ソ連やドイツをはじめとする、戦前の全体主義国家における音楽を検討する。ここでは国家による創作の制限が問題になるが、その際になにより注目されるのが社会主義リアリズムという概念だ。これまでは単に「悪」として断罪されるだけだったこの概念は、実は二十世紀音楽を考える上では最重要の検討課題でもある。

第4章で扱われるのは、第二次世界大戦後の前衛音楽である。キーワードとなるのは「非ナチ化」と「数」。音楽が作り出す感情や物語をあえて放棄した時、ヨーロッパとアメリカにおいて、期せずしてほとんど同時に、新しいコンセプトによる音楽が産声をあげた。その様相を多面的に捉えてみたい。

第5章で描かれるのは、二十世紀を特徴づける、電子テクノロジーを用いた創作である。一時期は「現代音楽」といえば、この種の音楽のことを指していた。しかしやがて明らかになったのは、こうしたテクノロジーは、クラシック音楽の本質的な特徴と多くの点で齟齬(そご)をきたすことだった。

第6章が扱うのは「一九六八年」をめぐる問題。進歩そのものが疑われ、直線的な歴史観が歪(ゆが)むなかで、創作も明確な行先を見失い、さまざまな方向に拡散・乱反射する。この時代の切断は、おそらく二つの大戦にもまして大きなもののように見える。

第7章で主に焦点があてられるのは、「新ロマン主義」と「新しい複雑性」という二極の間で揺れ動く八〇年代の音楽状況、そしてこうした二項対立とは異なった角度に位置するフランスの現代音楽である。さらに共産圏の消滅による冷戦の終結は、現代音楽にも少なからぬ影響を与えることになった。

そして最後の第8章では、「短い二十世紀」以後の動向をいくつか観察しつつ、まさにいま現在、生起しつつある変化について考えてみたい。

では、波乱万丈にしてスリル満点、そして時に荒唐無稽でもある冒険の旅に、さっそく出かけよう。

少なからぬ数の現代音楽は、以前ならばマニアックな音源を入手しなければ耳にすることが難しかった。しかしインターネットにおける「YouTube」や「Naxos Music Library」（有料）などの登場は、状況を劇的に変化させた。本書で言及する作品も、今やその多くはこうしたサイトで触れることが可能である（ただし日本語の作曲者名やタイトルでは検索に引っかからないものも多い）。気になった作品は、ぜひ音を確かめてみていただきたい。

目次

はじめに　i

第1章　現代音楽の誕生……3

三つの騒動／無調という沃野／抽象画との関係？／表現主義と無調／エキゾチシズムという駆動力／第一次世界大戦——芸術基盤の崩壊／「現代音楽」の誕生日／主流としての調性音楽

第2章　ハイブリッドという新しさ……37

あらかじめ喪失された古典古代／ストラヴィンスキーと新古典主義／ジャズと機械／録音の登場、あるいは音楽のネクロフィリア／「ベル・エポック」から「レザネ・フォル」へ／「アメリカ国民音楽」と新古典主義／もうひとつの中心地——ベルリン／バウハウスと社会主義／ヒンデミ

ットの軌跡

第3章　ファシズムの中の音楽……73
アヴァンギャルドから「社会主義リアリズム」へ／スターリン体制下におけるショスタコーヴィチ／社会主義リアリズムの果実？／ナチスと頽廃音楽／ナチス公認の作曲家たち／ファシスト党とイタリア・ナショナリズム／ヴィシー政権と「抵抗」の音楽／特異点としてのアメリカ――ニューディール政策と亡命作曲家たち／一九三〇年代の日本の豊穣と「皇紀二千六百年式典」

第4章　抵抗の手段としての数……109
零時からの出発／十二音技法の再発見――解凍された頽廃音楽／冷たい音楽とモダニズム――セリー音楽をめぐって／数の変容／「アート」としての音楽――ジョン・ケージ／作品と作者の変容／音楽のフロンティアとサウンドスケープ／旧東欧出身の作曲家たち

第5章　電子テクノロジーと「音響」の発見……145
ミュジック・コンクレートと「具体音」／「電子音楽」から電子音響音楽へ／拡散する電子音響音楽／奇妙な音と記譜、そしてスピーカー／SF映画、あるいはポップ・ミュージック／生演奏と電子音響の統合／「音響」の発見／特殊奏法という「音響」／冷戦構造の中の音楽

第6章　一九六八年という切断……175
五月革命とさまざまな闘争／象徴としてのベリオ「シンフォニア」／構造主義と民族音楽／引用とコラージュ／六八年とミニマリズム／「即興」というボーダー／コミュニケーションと身体性／倍音の再発見——シェルシからスペクトル楽派へ／政治による音楽、音楽による政治

第7章　新ロマン主義とあらたなアカデミズム……211
調性と拍節の復活、あるいは無調語法の緩和／新ロマン主

義と新表現主義／オペラの隆盛――物語の復活／ミニマル音楽と政治／CDの登場――音楽地図の更新と「古楽」の出現／ペレストロイカと「解凍」された作曲家たち／「新しい複雑性」と特殊奏法の探求／IRCAM、そしてスペクトル楽派の継承／「短い二十世紀」の終焉と前衛の危機／「アジア」のアイデンティティとオリエンタリズムの罠

第8章　二十一世紀の音楽状況……245

グロボカール「歴史の天使」／編曲とシミュレーショニズム／現代オペラの隆盛とレジーテアター／現代音楽のポップ化、あるいは資本主義リアリズム／筆記から音響へ――楽譜作成ソフトの発展／音楽批評のほうへ

あとがき　267

主要参考文献　271

索　引　282

Column

ハウアーと十二音技法　128
関東／関西のサウンドスケープ　139
ブリテンの現代性　142
「ドレミの外ではなにもできない」　172
五月革命のスローガンと「中国女」　183
邦楽器と不確定性　207
日本人作曲家のさまざまなアイデンティティ　244
ラッヘンマン「マッチ売りの少女」日本初演　256

図版作製／ケー・アイ・プランニング

現代音楽史

闘争しつづける芸術のゆくえ

第1章　現代音楽の誕生

音楽史における時代区分は、一般的には「新しい様式」の出現によってなされると考えられている。

たしかに、それまでにはないタイプの音楽が生まれなければ、あらたな時代区分を適用することは難しい。しかし、一方で重要なのは、作品に対する認識や受容が変化しなければ、その様式は呼吸を始めることができないという点だ。

すなわち、作曲家、演奏家、聴き手をとりまく状況が変化した時、その新しい様式は、新たな環境に適したかたちで「見いだされる」。鶏と卵のどちらが先か、という議論にも似ているのだが、外部と内部、コンテクストとテクストは軟体的に絡み合っており、双方の条件がそろった時にはじめて、あらたな時代区分が我々の前に相貌をあらわすのである。

第1章と第2章で扱うのは、主に一九一〇年代から二〇年代にかけての音楽である。後期ロマン派の豊麗な音楽が徐々に変容してゆくなか、第一次世界大戦という巨大な切断点がヨーロッパにあらわれた時に、はじめて決定的に新しい時代が――強いていうならば「現代音楽」の時代が――到来したのだった。

三つの騒動

一九〇八年十二月二十二日。ウィーン、ベーゼンドルファー・ホール。

この日、アルノルト・シェーンベルクの「弦楽四重奏曲第2番」がロゼー弦楽四重奏団によって初演された。第1楽章は何事もなく終わったが、第2楽章にいたって嘲笑(ちょうしょう)と野次が会場を満たしはじめる。続く第3楽章と第4楽章では「やめろ!」という怒号と「静かにしろ!」という叫び声が交錯(こうさく)し、会場は紛糾した。翌日のウィーン各紙はこの様子を「大荒れのコンサートホール」「ベーゼンドルファー・ホールのスキャンダル」などの見出しで報じることになった。このあと数年にわたって、シェーンベルクの周りではたびたびこうした騒動が起こっており、彼に近いコーリッシュ四重奏団のメンバーのひとりは「どの場合も命がけで演奏しました」と述懐している。

およそ五年後の一九一三年五月二十九日。パリ、シャンゼリゼ劇場。

ピエール・モントゥー指揮によって、イーゴリ・ストラヴィンスキーのバレエ曲「春の祭典」の初演が行われた。冒頭のファゴットの旋律から、くすくすと笑い声が漏れはじめ、やがて怒号や非難の足踏みの音が、音楽を覆うほどに拡がっていった。作曲者は自伝の中で次のように語っている。「それらの嘲笑は、最初ばらばらなものだったが、やがて支配的となり、他方、それに反対する声も上がり、すみやかに凄まじい騒ぎに変わった。（中略）私はニジンスキーの服を摑んでいなければならなかった。彼は怒り狂っていて、いまにも舞台に飛び出して行って、悶着を起こしかねなかったからだ」（『私の人生の年代記』）。

その一〇年後の一九二三年三月四日。ニューヨーク、クロウ・シアター。

エドガー・ヴァレーズの指揮で、彼自身の新作「ハイパープリズム」が演奏された。これはわずか五分ほどの小品にすぎないが、翌五日の『ニューヨーク・ヘラルド』の記事は「大騒動の中で演奏会終了」という見出しのもとに、以下のようなレポートを載せている。「……聴衆の大部分が笑いはじめ、それに続いて「シーッ」という声やヤジがとびかった。一方で賛同者たちは拍手をしはじめ、ついにはサルセードが突然立ち上がって静かにしろと呼びかけるとともに「これはシリアスな音楽なんだぞ！」と叫んだ」。さらに演奏会の終わりには、会場の隅で乱闘が起こったという。

ここに紹介したのは、ウィーン、パリ、ニューヨークという三つの都市で行なわれた演奏会の様子である。これらの都市は地理的にかなり離れているし、話されている言語も、都市としての性格も大きく異なっているが、いずれの場合も起こったことはよく似ている。

奇妙なことに、音楽史においてはこの前の時期にも、あるいは後の時期にも、こうした事態はほとんど見られない。

「酷評」ならば、いくらでもある。ベートーヴェンもブラームスも、あるいは武満徹も、心ない批評を受けたり、聴衆の支持がまるで得られず、辛い思いをしたことはあった。しかし、初演会場が先のように暴力的な場と化したことはないはずだ。

普通、人は出かけた音楽会がつまらなくとも、途中で騒いだりはしない。せいぜい曲が終わった後にブーイングをとばすのが関の山であり、本当にくだらないと感じたならば、途中で席を立つだろう。しかも、先に紹介した演奏会の聴衆は、バッハやモーツァルトなどの古典を聴きにきたわけではない。同時代の作曲家による、未知の新作に興味があるからこそ、わざわざホールに足を運んだはずなのである。

いったい、どうしてこのようなことが起こったのだろうか。

無調という沃野

無調、という音楽様式から話を始めたい。

その登場から百年以上を経過した今日にいたるまで、「無調」は現代音楽のひとつの根を成

アルノルト・シェーンベルク（1874–1951）.

す、重要な様式的メルクマールとなっている。現在においても「現代音楽＝無調音楽」と考える人は多いだろう。

長短調がくっきりとした形を取るのはおよそ十七世紀頃からだが、それ以前の教会旋法の音世界も含めるならば、中世以来の作品はすべて、広義の調性を持っている。また、現在我々がテレビやラジオで日々接する楽曲のほとんども明快な調性音楽だ。無調で作曲を行なうとは、このように長い間培われてきた、そしていま我々を取り囲んでいる音の世界から脱しようとすることに他ならない。

音楽史において、意識的に、そして体系的に無調を探求しはじめたのが、ウィーン生まれのユダヤ人作曲家アルノルト・シェーンベルク（1874–1951）である。

ほぼ独学で作曲を学んだシェーンベルクは、まずはワーグナーに源流を持つ後期ロマン派的な音楽から出発した。弦楽六重奏のための「浄められた夜」（1899）は初期の代表作だが、ここでは不安定な色合いの和声が絡み合いながら、ねっとりとした音の渦を形成する。とりあえずは「美しい」音楽といってもよいだろう。彼は、しかし徐々にこうした美しさの引力圏から離脱を試みることになる。

少々面倒なのは、無調という概念は単に「調がない」という状態を指しているにすぎず、つまりネガとしてしか定義し得ないことだ。実際、シェーンベルクは当初、自分の作品が「無調」という名で呼ばれることをひどく嫌っていた。もっとポジティヴなかたちで自分の新しい様式を名付けたかったわけである。

しかも、絵画においていったいどこからが抽象画なのかという領域がはっきりしないのと同様に、調の有無はデジタルに区切ることが不可能である。ここからが無調、という、万人が認める客観的な基準は存在しない。つまりこれは、本質的にきわめて曖昧な概念なのだ。

それでも多くの音楽史家は、シェーンベルクの一九〇八年から〇九年頃の音楽にその起源を求めている。先駆けとしてしばしば挙げられるのは、先の最初の「騒動」の原因となった「弦楽四重奏曲第2番」(1908)第4楽章冒頭である。

ここでは、それまでの楽章に存在していた調号がなくなり、弦楽器群が鋭い線を交錯させながら、茫洋と彷徨う。なるほど、この部分で特定の調を感じとることは難しいだろう。もっともその後、曲は声楽が入ってさまざまな展開を遂げたのちに、最終的には、あっけないほど突如として、嬰ヘ長調の主和音に到達する。その意味で、これはあくまでも部分的な無調作品といってよい。

それにしても、声楽？

そう、この曲がやや異常なのは、「弦楽四重奏曲」にもかかわらず、途中から女声が導入されることだ。第3楽章と第4楽章は五人で演奏されるのである。実はこの不思議な事態には、無調の導入に関わる、きわめて重要な要素が潜んでいる。

そもそも無調は「フーガ」などとは異なり、具体的な技法ではないから、実現すること自体は造作もない。既存の音の文法を壊せばよいだけだ。「壊せば、音の文法を、既存の」と、適当に語を入れ替えれば文章が意味不明になるように、ランダムにピアノの鍵盤を叩けば、誰でもすぐに無調の音楽を奏でることができる。

しかし、シェーンベルクが直面していたのは、どうやったら、あの偉大な音楽史の伝統に連なるような「意味」のある楽曲を、調の助けなしで書き得るかという難問だった。無調であっても、依然として豊かな意味を内包する音楽を書くことが本当に可能なのか。

なによりシェーンベルクという作曲家は、『和声法』(1911)をはじめとする作曲法の書物をいくつも著し、晩年にはバッハ様式の対位法を講じていたことからもうかがえるように、バロック期からロマン派にかけてのドイツ音楽の分析に一生を捧げた人物でもある。調というものの持つ機能と可能性を知り尽くした作曲家といってもいい。その人が、調から離れようとしている。

間違いなく、シェーンベルクはとてつもなく不安だった。

調という「かすがい」を失ったならば、楽曲は無秩序で無意味な音の連なりに、バラバラな楽想の破片になり果ててしまうのではなかろうか。おそらくシェーンベルクがこの曲において、声楽を、より正確にいえば象徴主義詩人シュテファン・ゲオルゲの詩「忘我」を用いたのにはこうした背景が潜んでいる。

第4楽章で「私は感じる、ほかの惑星の大気を……」と始まる詩の文言は、まさにふわふわと浮かびながら宙に溶けてゆくシェーンベルクの音楽と見事に呼応しているではないか。彼はまず、詩を「かすがい」にして、後期ロマン派の引力圏から逃れようとした。

ほぼ同時期に書かれた歌曲集「架空庭園の書」(1909) でも、第7曲をはじめとして、随所で無調的な響きがあらわれる。もっとも、その抒情（じょじょう）の質は、あきらかにシューベルト以降のリートの伝統に連なるものだ。「分厚い木の葉の連なりに覆われて、細かい星屑（ほしくず）が見える」という第1曲の歌詞にもよくあらわれているように、この曲集も、全体としてはぎりぎりでロマン派の気分の中に留（とど）まっている。

一方、ついに詩という外部の助けなしに、彼が完全な無調へと進んだのが「三つのピアノ曲　作品11」(1909) である。この曲集を構成する三曲は順に書かれたことが分かっているが、その過程を見てゆくと、作曲者の手探り状態がよく分かる。まず彼は第1曲で、変奏の原理を用いて全体を統一しようと試み、そして第2曲ではバス声部に「ファ・レ／ファ・レ」というオスティナート（反復）を用いてやはり統一を試みる。それは、頼るべき詩の代わりに摑まって立つための何かを、必死で探しているといったふうなのだ。

しかし第3曲は、ついに錯乱そのものが音化されたような無調・無主題の様相を呈する。ここにおいて、シェーンベルクはすべての補助輪を外し、決定的に無調の沃野（よくや）へと足を踏みいれた。

面白いことに、弟子たちも、ほぼ同時期に相次いでこの新しい世界へと跳び込んでいる。最初期にはブラームスやマーラーの影響下にあったアントン・ウェーベルン（1883–1945）は、すぐに師の後を追って無調に進んだ。たとえば、ゲオルゲの詩を用いた「五つの歌曲　作品4」（1909）はその一つだが、いま聴いて驚いてしまうのは、その音の流れがきわめて自然なことだ。シェーンベルクが必死で調の重力圏から脱したのとは異なり、ウェーベルンの音楽は、もうこの頃から、無調様式にぴたりとフィットしている。これは世代差でもあろうし、元来の資質にもよるものだろう。

もう一人の重要な弟子アルバン・ベルク（1885–1935）も、やはり一九〇九年から翌年にかけて「四つの歌曲　作品2」の第4曲で、ほぼ無調に到達する。ベルクの場合には、ウェーベルンとは逆に、師以上に耽美的なロマン派が出発点になっているために、まだその響きは随所で甘みを湛えているが、進もうとする方向は明確だ。

また、師事したのは短期間ながら、やはりシェーンベルクに学んだエゴン・ヴェレス（1885–1974）も、一九一一年にピアノのための「三つのスケッチ　作品6」で、師によく似た形の無調に達している。とりわけ「反抗的に」との表記がある第3曲は明快な例だ（ヴェレスは、シェーンベルク、ウェーベルン、ベルクらを「新ウィーン楽派」と名付けた。すなわち彼らと、十八世紀にウィーンで活躍した古典派の作曲家を対応させたわけである）。

これだけ近い間隔で、次々に弟子たちも無調へと進んだことを考えると、シェーンベルクの革新は、歌詞という外部にくわえて、弟子たちという生身の「外部」にも支えられていたことが分かる。その意味で彼の跳躍は、一種のチーム・プレイでもあった。

少々先回りしていうならば、しかし結局、彼はこの時期の無調作品に十分な満足がいかなかったようである。一九二〇年代に入ると、シェーンベルクは「十二音技法」を試すことになるが、これについては章をあらためて論じたい。

カンディンスキー「印象Ⅲ（コンサート）」(1911). シェーンベルクの演奏会の印象を絵にしたものといわれている.

抽象画との関係？

興味深いのは、無調の出現とほぼ同じ頃に、美術史において「抽象画」があらわれていることだ。しかも、双方の創始者といえるシェーンベルクとカンディンスキーの二人は、当時頻繁に書簡を交わしているのである。

発端となったのは、一九一一年一月二日、ワシリー・カンディンスキー（1866-1944）が、仲間の画家フランツ・マルクとともに、シェーンベルクの「弦楽四重奏曲第2番」「三つのピアノ曲」――すなわち無調が最初に試された楽曲群――を演奏会で聴いたことにある。いたく感激したカンディンスキーは、まだ面識のないシェーンベルクに、思い切って手紙を送った。

「あなたのさまざまな作曲のなかでそれら自身の運命を貫いている独自な進行、つまり個々の声部の独特な生命こそ、まさしく、わたしもまた絵画のかたちで見つけ出そうとしているものなのです」（カンディンスキー、シェーンベルク『出会い』）

シェーンベルク「娘ゲルトルートの肖像」（1910）.

ミュンヘンで新しい絵画様式を開拓しようとしていたカンディンスキーは、シェーンベルクの音楽に自分の仕事との並行関係を見出した。そして、手紙に添付されていたスケッチを見たシェーンベルクも、また同じことを感じたようである。「今日努力をつづけている最良の人びとのあいだには、きっとそのような未知の関係、つまり共通性があるのです。それはおそらく偶然ではありません」。

一九一一年の十二月、カンディンスキーはマルクらとともに「青騎士」展と題する、のちに美術史上でも重要な位置を占める展覧会を催している。このときの出品者は彼ら二人にくわえて、ノルデ、ピカソ、クレーといった錚々（そうそう）たる面々であるが、意外なことにその中には「画家」シェーンベルクの名も含まれている（シェーンベルクは、その技術と制作量において、決して素人とはいえないレベルの画家だった）。

まさにこの時期、絵画と音楽の創造はかつてないほどに接近していた。これは、翌一九一二年に彼らが出版した年刊誌『青騎士』にも明らかだ。

結局、一号のみで終わってしまったこの歴史的な冊子には、さまざまなスケッチや論文だけでなく、シェーンベルク（「心の茂み」）、ウェーベルン（作品5）、ベルク（作品2）の楽譜が掲載されている。一冊の書物が、絵画と文章と音楽によって構成されているわけだ。

このときカンディンスキーが抱いていたのは「抽象化」というモメントが、さまざまな芸術ジャンルを架橋する役割を果たすというヴィジョンだった。実際、彼はこの冊子の中で「舞台コンポジション」と銘打って、総合芸術作品のための台本を発表してさえいる。「黄色い響き」というそのタイトルからは、絵画と音楽を貫く原理を求める彼の姿勢が明快に見て取れよう。

この時期、シェーンベルクとカンディンスキーの間に、そして音楽と美術の間には間違いなく、一種の共犯関係が成立していた。つまりここでもシェーンベルクは、また別の外部と手を取りあいながら境界線を越えていったわけである。

表現主義と無調

カンディンスキーら青騎士グループの作品、そしてこの時代のシェーンベルクの音楽は、しばしば「表現主義（あるいは「ドイツ表現主義」）」と呼ばれる。しかし、そもそも芸術というのは何らかの表現に他ならないのだから、これをやや奇妙な呼称に感じる人も多いかもしれない。

この命名には二つの理由がある。ひとつは、美術においても音楽においても、直前に位置する「印象主義」との対比において、この語が用いられていること。英語の印象 impression と表現 expression との二語に明らかなように、この二つは、我々に「外から中に押されて」入ってくるもの（印象）と、逆に我々が「内から外へと押し出す」もの（表現）という形で対を成している。この時期、前者から後者へと重点が移動したことを、この命名はまず示しているわけだ。

そして二つ目は、それまでには表現できなかったものを「あえて表現する」という意志ゆえである。人が深く内に隠しており、決して見せてはいけないものこそが、表現主義芸術の格好の題材となった（言うまでもなく、これはジークムント・フロイトの抑圧理論あるいは「無意識の発見」とも並行している）。必然として、それは殺人や性的な欲望など、しばしば反社会的ともいえる色彩を帯びるだろう。

「表現主義」は、当時のドイツにおいて美術・文学・音楽・演劇・映画などを巻き込んで起こった、きわめて大きな芸術傾向だった。

美術では「ブリュッケ」グループ（ノルデなど）や先の「青騎士」グループ、文学においては文芸誌『シュトルム』『ディ・アクツィオーン』に参加した文学者たち（ハインリヒ・マンやゴットフリート・ベンなど）、そして音楽においてはシェーンベルクとその弟子たちを、その代表的な芸術家として挙げることができよう。

彼らにとってひとつの理論的な支柱となったのが、美術史家ヴィルヘルム・ヴォリンガーの著書『抽象と感情移入』（1908）である。彼はこの中で芸術を、率直な感情移入による古典的な様式と、そして不安を克服するための抽象様式との交替であるとした上で、後者においては異常な精神的恐怖はむしろ創造の源になると述べる。

印象ではなく表現、具象ではなく抽象、喜びではなく恐怖、安寧ではなく狂気。こうした時代の空気をもっともよく反映しているのが、シェーンベルクの「月に憑かれたピエロ」（1912）である。ベルギーのアルベール・ジローによる詩のドイツ語訳をテキストに用いたこの作品には、表現主義という枠組みの中で、彼が成熟させてきた手練手管が濃厚に凝縮されている。

曲は女声、フルート、クラリネット、ヴァイオリン、チェロ、ピアノの六人編成によるが、全21曲のうち第1曲はクラリネットを除く五人で、第2曲はチェロを除く五人で、あるいは第7曲「病める月」はフルートと女声の二人で、というように、曲ごとにその編成を微細に変化させる。

月下で狂気と懐かしさに引き裂かれてゆくピエロの姿は、こうして震えるような音色変化、頻繁に変わる拍子、*pp*から*ff*まで瞬時に収縮と膨張を繰り返す強弱法などによって、鋭く音響化されることになった。さらに女声に適用されている「シュプレッヒ・シュティンメ（語り歌い）」もきわめて効果的だ。これは、歌唱のための音符が一応記されてはいるものの、音程を正確に「歌う」のではなく、その音程を通過しながら「語る」という手法。これによって声は一種の演劇性を帯びるわけである。

ただしこの作品は、その効果があまりに鮮烈であるがゆえに、その後も長く、「恐怖、焦燥、狂気……」といったイメージを無調と結びつける役割をも果たした。現在でもホラー映画ではしばしば無調が用いられるが、その源流をはるかにたどってゆくと、この曲に到達するのではなかろうか。

その後、表現主義的な題材と無調の相性の良さは、アルバン・ベルクによる二つのオペラで頂点を迎える。社会の中で虐げられた兵士ヴォツェックが妻を殺害する「ヴォツェック」（1925）、そして魔性の女ルルが、男性遍歴の末に切り裂きジャックに殺される「ルル」（1935、未完）。いずれの作品においても、無調という沃野の可能性が、陶酔的な甘美と残酷の中で物語と溶けあう様子を味わうことができる。

エキゾチシズムという駆動力

視点をフランスへと転じてみたい。

本章の最初に引いた、二つ目の騒動の主人公であるイーゴリ・ストラヴィンスキー（1882–1971）もまた、音楽史におけるひとつの跳躍を象徴する作曲家である。

ペテルブルクに生まれた彼の人生を変えたのは、セルゲイ・ディアギレフ率いるバレエ・リュスなる団体との出会いである。この団体は正式名称を持っておらず（バレエ・リュスという名は、単に「ロシアのバレエ団」というフランス語の一般名詞にすぎない）、しかもロシア人ばかりなのにパリとモンテカルロを本拠地にして、結局本国では一度も公演を行わなかったという奇妙な存在だ。

十九世紀に五回の万国博覧会を経験したパリは、当時、異国趣味の総本山とでもいうべき様相を呈していたが、興行師ディアギレフの目論見（もくろみ）はこの都市の性格を最大限に利用して、ロシアという異郷からやって来たバレエで旋風を巻き起こすことにあった。まだ無名のストラヴィンスキーは、この「エキゾチシズム」を最高度に音楽化し得る人材として抜擢（ばってき）されたわけである。

ロシアのおとぎ話によるバレエ「火の鳥」（1910）で、新進作曲家はさっそく期待に応えて、民謡を用いた野蛮かつ神秘的な音楽をものしている。しかしディアギレフは次作「ペトルーシュカ」（1911）では、さらに派手な音楽を要求した。果たして、縁日における操り人形たちの殺しあいを描いたこのバレエは、さまざまな楽想がスーパーインポーズされるなか、赤青黄の原色がちらちらと「耳」に飛び込んで跳ね回るという、前作をはるかに超える過激な様相を呈することになる。

そしてコンビは、さらに禁断の領域へと踏み込んだ。「春の祭典」(1913) はほとんど物語を持たず、いわば全編が古代異教徒の儀式で成り立っているバレエである。つまりここでは、前二作のように物語に付随したエキゾチシズムではなく、「エキゾチシズムそのもの」が主題になっているといってよい。

この常識外れの設定は作曲者自身の発案だというが、構成を練る上ではニコライ・レーリヒ(ロシア名リョーリフ)の影響が大きかったはずだ。神智学や東洋思想に惹かれ、最後はインドで没したこの不思議な人物は、ストラヴィンスキーとともに台本を作成し、さらに美術家として舞台を担当した。この流れの中では、ニジンスキーの振り付けも、通常のバレエが持つ美しさを徹底的に排除せざるを得ない。

レーリヒによる「春の祭典」第1部の舞台美術スケッチ.

司令塔ディアギレフの下で音楽、美術、舞踊が一体となって制作された「春の祭典」は、当時のバレエ・リュスの総力戦ともいえよう。

彼らに後押しされたストラヴィンスキーは、ここで音楽史上かつてない「下品」な音楽を書くことになる。超巨大編成のオーケストラは、楽器の最高音域と最低音域を存分に用いながら、不協和でグロテスクな色合いを終始醸し出し、どぎついアクセントがおどろおどろしい儀式を輪郭づける。すべてが極端であり「やり過ぎ」といってもよい。

この曲に関して音楽史で必ず頁が割かれるのは、終曲「いけにえの踊り」であらわれる、極度に不規則なリズムの様態である。

拍子とは、リズムの周期に他ならない。四分の三拍子ならば、四分音符三つの周期で音楽が進んでゆくわけだ。しかしこの終曲ではそうした周期は知覚できず（きわめて緻密な周期は存在するのだが、耳で聞いただけでは分からない）、ゆえにリズムは常に我々の期待を裏切り、聴感覚を脱臼させながら暴力的に前進する。たしかに、こんな音楽はそれまでなかった。

「交響曲」であれば、作品としての一貫性や形式感が常に問われる。その構築美こそが、このジャンルを成立させているのだから。しかし、この異様な設定のバレエ作品において、ストラヴィンスキーは構造や形式や拍節のくびきから逃れて、自在に音とリズムのパレットを操ることができた。

すなわちシェーンベルクが、ゲオルゲの詩、愛弟子たち、そして抽象画の世界に頼りながら無調へのステップを進めたように、ストラヴィンスキーはディアギレフらとの共同作業によって、拍節運動の破壊に成功したといえよう。

考えてみれば、バロックはギリシャ悲劇の再興とともに始まり、古典派は啓蒙思想とともに訪れ、ロマン派は文学に導かれて誕生した。音楽様式の革命的な更新は、音楽内の論理のみからは決して訪れない。おそらく、二十一世紀においてあらわれる決定的に新しい音楽様式も、何らかの「外部」を伴っていることだろう。

そして「春の祭典」が初演された翌年、ついにヨーロッパの社会と芸術に巨大な断層を刻む出来事が到来する。

第一次世界大戦——芸術基盤の崩壊

一九一四年の勃発から四年以上にわたって続き、結果として戦闘員のみで八百万人以上の死者を出したといわれる第一次世界大戦は、日本を含む多くの国が参加し、そのなかで飛行機、潜水艦、戦車、機関銃、機雷、毒ガスといった兵器が大量に用いられた、はじめての「世界大戦」である。急速なテクノロジーの発達は、戦争をかくも悲惨なものにしてしまった。

我々が注目しなければいけないのは、一九一八年、この戦争の終結とともに、それまで連綿と受け継がれてきた「帝国」「貴族」「ブルジョワジー」といった、国や人間社会のあり方が軒並み崩壊し、一気に前時代的なものへと繰り上げられてしまったことである。

栄華を誇ったオーストリア帝国は、カール1世の亡命とともに十三世紀以来続いたハプスブルク家による支配を終え、ハンガリーやチェコ、イタリア北部にわたる領地を軒並み失って、オーストリア共和国という小国になりさがってしまった。

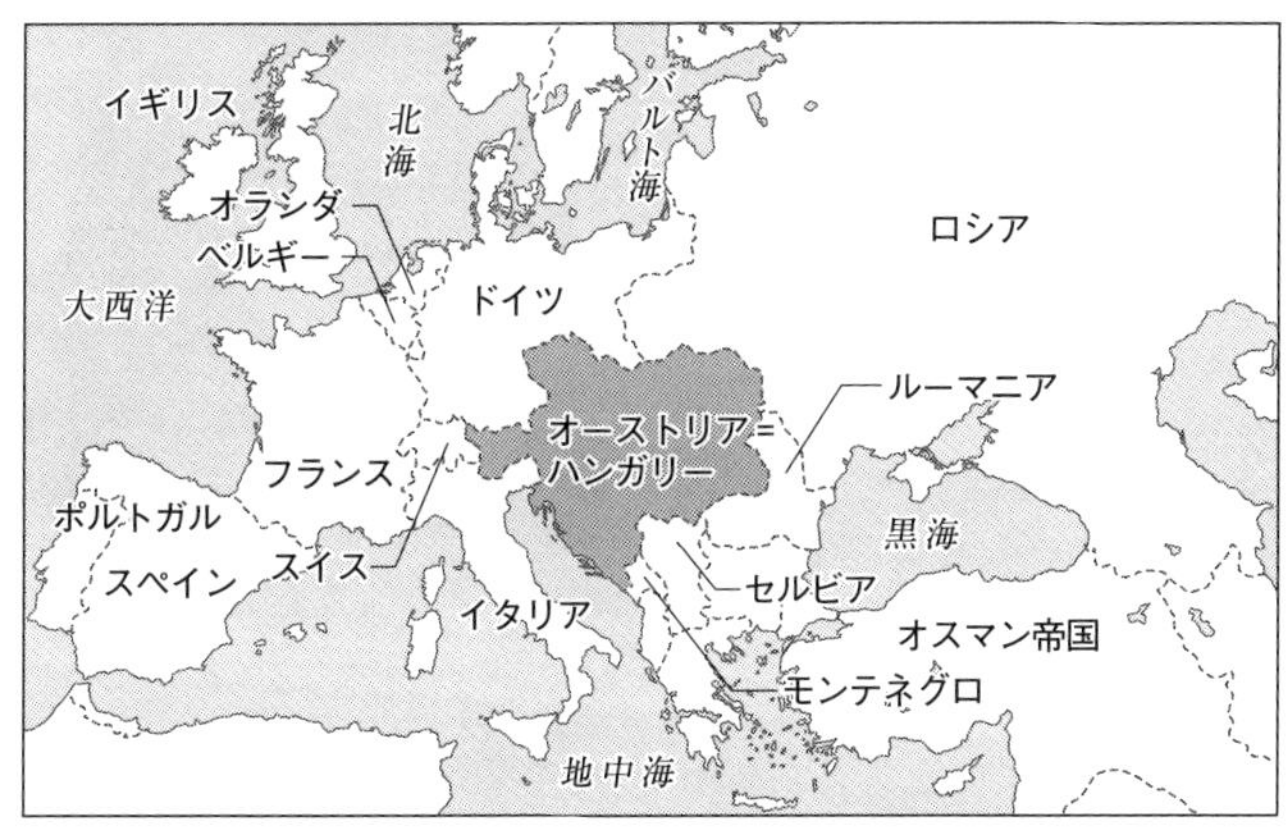

第一次世界大戦前のヨーロッパ.

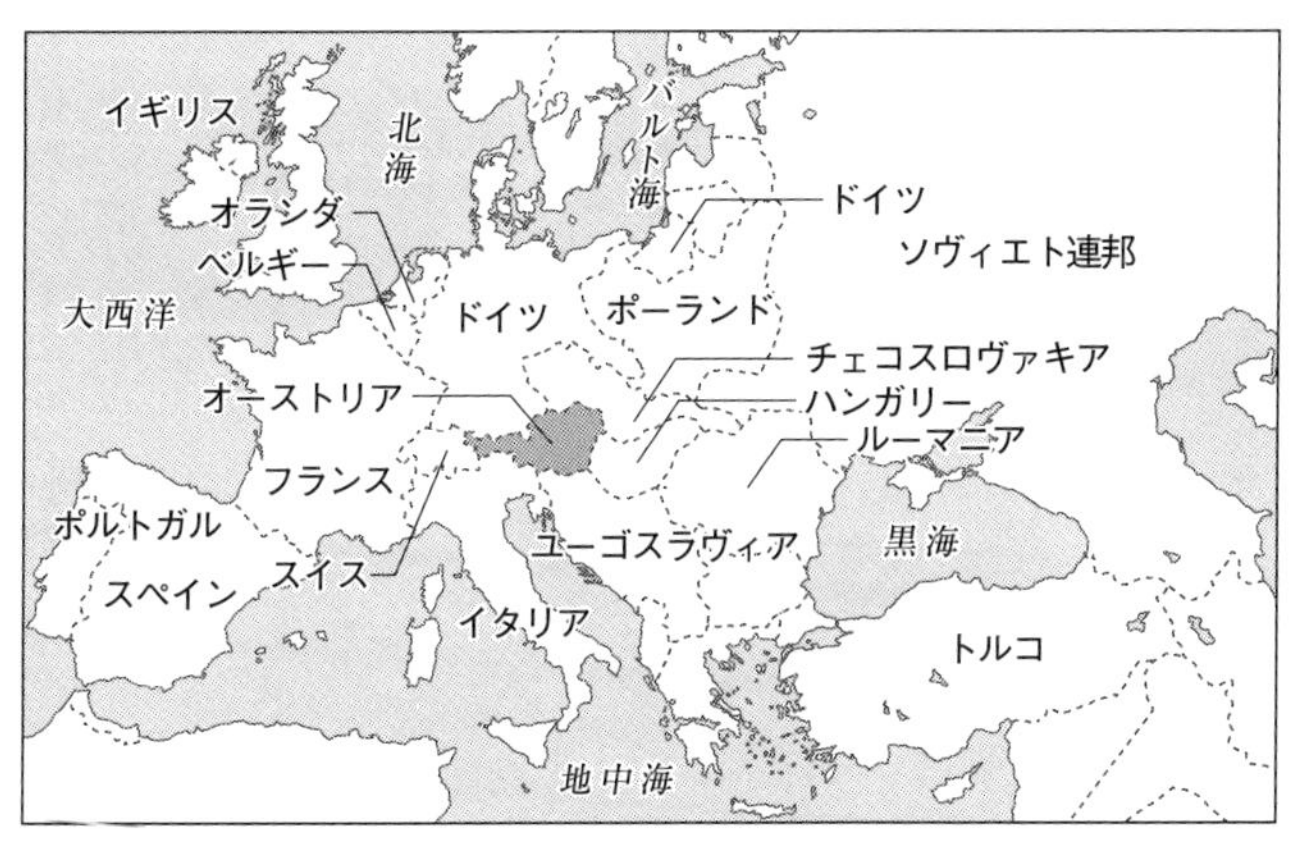

第一次世界大戦後のヨーロッパ.

ジャン・ルノワール「大いなる幻影」(1937).
左がボワルデュー大尉（ピエール・フレネー）、右がラウフェンシュタイン隊長（エーリヒ・フォン・シュトロハイム).

普仏戦争の末に成立したドイツ帝国も、ついには内部と外部双方の圧力から瓦解し、新しい共和国へと変貌を遂げた。また、ドイツとともに大戦を戦ったオスマン帝国も、少し遅れてトルコ共和国と形を変える。さらには大戦のみが原因ではないものの、ロシア帝国は一九一七年の革命によって、ソヴィエト社会主義共和国連邦（国名は一九二二年から）という、まったく新しい国に生まれ変わった。

この時期の社会の変化をくっきりと描きだしているのが、第一次世界大戦における独仏の闘いを題材にした、ジャン・ルノワール監督による映画「大いなる幻影」（1937）である。

物語のひとつのテーマは、フランス空軍の将校であり、部下のマレシャルとともに捕虜となってしまった貴族出身のボワルデュー大尉、そして敵国ドイツの隊長ながらもやはり貴族階級に属するラウフェンシュタインの間に芽生えた奇妙な友情である。労働者階級のマレシャルさえもが将校の地位を得ていることについて、「フランス革命の恩恵ですな」と皮肉な顔で言い切るラウフェンシュタインは、続く場面でボワルデューと次のような会話を交わす。

「勝利するのがどちらであっても、我々貴族の時代は終わるのです」
「力はなくなるでしょう」
「惜しいとは思いませんか」
「……そうですな」

不思議な静けさに満ちた一場面。口に出しては言わないが、ボワルデューにとっても、ギリシャ詩人ピンダロスの名さえ知らない部下マレシャルより、ドイツ人ラウフェンシュタインの方がはるかに近しい存在なのである。

もちろんこれは純然たるフィクションにすぎない。しかしこのセリフは、著名な画家ルノワールの次男としてパリに生まれ、大戦中は偵察飛行隊のパイロットを務めた映像作家の偽らざる実感でもあったはずだ。

貴族とブルジョワジーの没落。これは彼らの庇護(ひご)のもとで生きてきたクラシック音楽にとっては、もっとも恐ろしいことである。その終焉(しゅうえん)は、何世紀にもわたって音楽を支えてきたインフラストラクチャーの崩壊を意味していた。

一人で作品を完結させることが可能な絵画や文学とは異なり、管弦楽曲やオペラには莫大(ばくだい)な経費がかかるから、宮廷ないし国家の補助によってはじめて実現が可能になる（現在でも、事情は変わらない)。一見すると抽象的かつ自律的にみえる音楽は、しかし一方で、とりわけダイレクトに社会構造の変化を反映せざるを得ないジャンルなのである。

実際、大戦よりも前の作曲家たちの音楽を思い出してみれば、それらのほとんどがブルジョワ的な感性に満たされていたことが分かる。

「交響曲とはあらゆる手段を使って世界を構築しようとするもの」と述べるグスタフ・マーラー(1860-1911)の音楽は、まさに作者個人の経験や思想を極限まで膨張させ、リッチな陶酔を演出するものだった。あるいは、フランスのクロード・ドビュッシー(1862-1918)。彼は若い頃にはチャイコフスキーの「パトロン」として知られるフォン・メック夫人の旅行に同伴してピアノを弾き、「月の光」に代表されるサロン的なピアノ曲を書いたのち、「ペレアスとメリザンド」(1902)では、ワーグナー直系といってもよい、はかなくも象徴主義的な物語をオペラ化してみせる。あるいは、貴族の家系に生まれたアレクサンドル・スクリャービン(1872-1915)。彼は、富豪ベリャーエフの庇護のもとで頭角をあらわし、神智学への傾倒を反映した交響曲「法悦の詩」(1908)を書いたのち、晩年には聴覚・視覚・嗅覚(きゅうかく)などを総動員した「神秘劇」を構想した。

単に音楽語法という観点のみから見れば、彼らの音楽は、それなりにモダンな側面を持っている。マーラーの未完の大作「交響曲第10番」に見られる破壊的な不協和音、ドビュッシーの「前奏曲集第2巻」における多調性、あるいはスクリャービンの「第6番」以降のピアノ・ソナタにおける無調的な音の連なりは、その斬新さゆえに、時には現代音楽の出発点として語られることも少なくない。

しかし、どのように新しい技術が使われていても、これらの作品はブルジョワジーを主体にした聴衆から、最終的には離れようとしていない。彼らが想定しているのは、あくまでも「よき趣味」を持った上流階級であり、その意味で臍の緒は十九世紀としっかり繋がっている。

しかし、大戦を経たあとに歴史の表舞台に躍り出てきたのは、それまでとは異なるタイプの――先の部下マレシャルのような人々を含む――聴衆だった。

このとき、作曲家たちの眼の前にはいくつかの選択肢がひらけていた。ブルジョワの残党を対象に十九世紀の延長で音楽を書き続ける道、思い切って移り気で軽薄な大衆の好みに寄り添おうという道、あるいは当時勃興しつつあった新しいジャンル「映画」のために働くという道。

そのなかで、少数ではあるけれども、もはや誰の庇護も期待できないのであれば、いっそのこと好き勝手に音楽を開拓してみたい、と考える人々もいた。ブルジョワの好みにも、もちろん大衆の好みにも従わず、存分に新しい音の世界を探求すること。これは元来、多くの創作者がその根底で常に持ち合わせていた欲望の形ではあろう。とはいえ、十八世紀にも十九世紀にも、享受者の嗜好とかけ離れた、あるいは享受者がほとんどいない音楽を書くという発想は生じなかった。それはもはや「芸術」ではないと考えられていたからだ。

実は、本章の最初に引いた三つの騒動は、まさに芸術とは何かという境界線をめぐる混乱といえる。聴衆はみな芸術を聴きに来た。そのためにお金を払い、わざわざ会場に出かけたのだ。もしも単に「質の低い芸術」が提供されたのであれば、人々は騒動など起こさなかっただろう。ちょっとした賭けに負けたにすぎない。しかし、彼らがそこで出会ったものは、とても芸術とは思えない何ものかだった。賭けに勝つも負けるもない、そもそもゲームのルールが違うのではないか。この不満と怒りが激しい軋みとなって爆発した……。

シェーンベルクは一九二八年に次のように述べている。「当然ながら、芸術はそもそもからして、民衆(people)のためのものではない」。なんとあられもない一言だろうか。

かくして、社会と隔絶してしまったことを、創作者が自らはっきり意識したとき「現代音楽」という領域が、歴史の中にぼんやりと浮かび上がってくる。当然のことながら、それは出発の時点から、一種の孤児とならざるを得ない運命を背負っていた。

「現代音楽」の誕生日

一九一八年十一月二十三日。この日、シェーンベルクを中心にして「私的演奏協会」というグループが発足した。

この時、それまでおぼろげに存在してはいたものの、明確な形で社会には定位されていなかった「現代音楽」がはっきりと姿をあらわしたと筆者は考えている。もちろん、この団体の発足は、ウィーンの一部の人々しか知らなかっただろうから、実際には、この日を境に何かが変わったわけではない。しかし、あらたな時代の到来を告げる、ひとつの象徴がこの団体であるように思われるのである。

では、この少々不思議な名前の協会はどのような性格をもっているのだろうか。

新作はその新しさと演奏の難しさゆえに、十分な形で上演されることが少なく、結果として聴衆も正しく作品を理解することができない。こうした前置きのあとで、弟子のアルバン・ベルクが師の意向をうけて起草した設立趣意書は、次の三点を方針として掲げている。

1　十分に練習した明晰な演奏を行なうこと。

2　何回も繰り返し演奏すること。

3　演奏を、公開に伴う本来の目的を腐敗させるような影響から引き離すこと。すなわち、競争して勝つのを目的にしてはならないし、賞賛や不満の表明が伴ってはならない。

第一の方針は誰でも分かる。第二の方針も、やや風変わりながら納得できよう。一度聴いただけでは分かりにくい曲も、二度聴くことによって、よりよく理解できるというわけだ。実際、この協会の演奏会では、しばしば同じ楽曲が同日に繰り返し演奏されている。

奇妙なのは第三の方針だ。「腐敗させるような影響」？　実はそのあとの文章に漠然と述べられているように、彼らが考えたのは、どの作品が優れているかをかまびすしく論じる批評を禁じ、さらには拍手さえも（もちろんブーイングも）禁止してしまうことだった。だから批評家、ジャーナリストは協会の演奏会に足を踏み入れることはできなかったし、プログラムの予告もないから、会員は当日になってはじめて何が演奏されるのかを知ることになる。

すなわち彼らが意図したのは、同時代作品の演奏→享受という過程を、出来る限りピュアな、無菌状態の中で成立させることだった。

この背景に、冒頭でみたような、批評家や聴衆からの激しい拒否反応があったことは言うまでもない。シェーンベルクは自衛手段のひとつとして、会員制の現代音楽クラブを作ったともいえよう。

第一回の演奏会が開かれたのは一九一八年十二月二十九日。プログラムは、スクリャービンの「ピアノ・ソナタ第4番」、ドビュッシーの「抒情的散文」、マーラーの「交響曲第7番（ピアノ四手編曲）」。意外におとなしい曲ばかりと感じられるかもしれないが、いずれも二十世紀に入ってからの作品であり、無調ではないものの相当にモダンな音楽ではある。

かくしてこの協会は、一九二一年十二月にシェーンベルク自身の「月に憑かれたピエロ」全曲の演奏会で幕を閉じるまで、ほぼ毎日曜日、計一一三回の演奏会を開き、計一五四作品を上演した。写真付きの会員証を提示して本人であることを証明しなければ会場に入れないというものものしい集まりだったにもかかわらず、一九二〇年の時点で、若き日の哲学者カール・ポパーを含む三二〇人ほどの会員がいたというから、彼らの方針に期待を抱く聴衆層が、当時のウィーンに少なからず存在していたことが分かる（三つの騒動を伝える記事においてはいずれも、暴力的な批判とともに「支持者」の存在が記されていたことを思い出されたい）。

シェーンベルクらによるこうした試み、すなわち少数の聴衆を対象にして、同時代音楽のみを取り上げるシリーズ演奏会は、やがて世界各地に飛び火していった。いや、直接的な影響関係というよりは、それぞれの場所で、それぞれの事情に応じて団体が設立されたといった方がよいだろう。以下、いくつか目立ったものをあげてみたい。

一九二一年には、作曲家エドガー・ヴァレーズ（1883–1965）を中心にした「国際作曲家組合」がニューヨークで設立されている。彼による設立声明文は、実に分かりやすく現代音楽の危機を伝えている。

……作品が完成すると作曲者は脇に追いやられるのだが、演奏者は時として作品を理解しようとせず、無作法にもその価値を判断する。（中略）他の芸術分野においては、創作者は受け手との直接的な接触を何らかの形で持っている。詩人や小説家ならば印刷された書物という媒体があり、絵描きや建築家にはギャラリーや野外、そして劇作家は舞台という場がある。作曲家のみが、演奏者という仲介者を必要とするのである。（中略）

死ぬことは疲れ果てたものの特権だ。今日の作曲家たちは死ぬことを拒む。われわれは団結し、「自らの作品の自由でフェアな発表」を追求するために個々が闘う権利を認める。

こうして国際作曲家組合は生まれた。

この団体は、その後六年間のあいだに一二六の現代作品を紹介することになった。ちなみに、本章冒頭で紹介したのは、この組合主催の演奏会でヴァレーズの「ハイパープリズム」が初演された際の一コマである。シェーンベルクの団体とは異なり、こちらは会員制ではないから、そうした騒動がしばしば勃発したのだった。

同じく一九二一年には、ドイツでドナウエッシンゲン音楽祭が開幕（当初の名称は「現代音楽の進歩に向けたドナウエッシンゲン室内音楽祭」）。これもまた、同時代音楽のみを対象にした音楽祭であり、初年度にはシェーンベルクを含む新ウィーン楽派の面々、そしてクルシェネク、ヤルナッハらの作品が取り上げられた。

翌二二年、オーストリアのザルツブルクにおいて「国際作曲家協会」（ＩＳＣＭ）が発足。大戦の惨禍を乗り越え、世界の作曲家たちが連携しながら情報交換と発表の場を作ることが、設立目的として謳われている。この協会は翌年から「世界音楽の日々」と題した演奏会を、世界の各都市を巡回して行なうことになった。第二次世界大戦中の一時期を除けば、今日にいたるまでこの催しは続いている（二〇〇一年には横浜が会場になった）。

ほかにも一九二二年から翌年にかけてヒンデミットによる「音楽のための共同体」と題された演奏会シリーズが批評家を締め出して行われているし、二三年には新生ソ連の首都モスクワ

エドガー・ヴァレーズ（1883–1965）.

で、ニコライ・ロスラヴェッツを中心にした「現代音楽協会」（ASM）が設立されている。

美術の領域ではすでに十九世紀後半から、アカデミーに弾かれた画家が共同して作品を展示する「アンデパンダン展」が存在しているが、先のヴァレーズの述懐が示すように、音楽の場合、作品があるだけでは聴衆に届かず、演奏家や会場をあらかじめ手配し、パート譜を作り、リハーサルを繰り返し、チケットを売って本番を迎えなければならない。

すなわちこの頃から作曲家たちには、現代的であろうとするならば「自分の身は自分で守る」必要が生じたわけだ。クライアントの意向に縛られないという意味では自由な一方で、彼らは経済的にも社会的にもきわめて不安定な立場に置かれることになったのだった。

主流としての調性音楽

本章ではこれまで、シェーンベルクの無調音楽に多くの記述を割いてきた。

しかし、強調しておかねばならないのは、この時期にはまだ無調の音楽などほとんど書かれていないことだ。仮に第二次世界大戦まで射程を伸ばしたとしても、無調様式で作曲を行なった作曲家は少数派といってよい。大部分の作曲家は、依然として調性音楽を書き続けていた。

たとえばシェーンベルクと同じ年に生まれたフランツ・シュミット（1874–1939）は、大戦後も一貫して後期ロマン派の延長線上で創作を続けた作曲家である。彼の「交響曲第3番」（1928）は、もしもブラームスが大戦後まで生きていたら、こんな曲を書いたのではないかと思わせる堂々たる作品だ。あるいはベルクとほぼ同世代にあたる、スイスのオトマル・シェック（1886–1957）。彼は生涯に三百を超える歌曲を書いたが、アイヒェンドルフやレーナウの詩に付曲された「エレジー　作品36」（1922）は、複雑な和音を用いながらも常に深い耽美が支配しており、聴き手に不安を感じさせることはない。

文化史が厄介（やっかい）なのは、新しい様式が波及するまでのタイムラグを描くのが難しい点にある。とりわけ二十世紀に入ると、さまざまな様式はもはや平然と併存するようになるから、実際の状況は常に複線化し、錯綜（さくそう）している。

以下、そうした視点を忘れないためにも、世紀前半に調性音楽を書いた代表的な作曲家三人、すなわちフィンランドのシベリウス、ロシアのラフマニノフ、フランスのラヴェルの音楽について触れておきたい。これらの作曲家は「保守派」というレッテルが貼られたりもするが、それはあくまでも後世の歴史観であり、当時の人々にしてみれば、これらは決して保守的な音楽ではなかった。実際、調性と拍節運動にずっしり立脚しているとはいえ、彼らの音楽はシェーンベルクやストラヴィンスキーとは異なる新しさに満ちている。

ジャン・シベリウス（1865–1957）は、あまりに独特な個人様式ゆえに、音楽史の中に位置づけるのが難しい存在だ。祖国がロシアの圧政にもがくなか、彼は「カレワラ」などフィンランド文学を題材に用いた楽曲を数多く発表する。この時期のシベリウスは民族主義的な作曲家といってよいだろう。一方「交響曲第4番」（1911）では、不安定な音程（増4度など）を用いたモダンな作風へと足を踏み入れた。全編に「静かなスリル」が充満する傑作である。

そして、ついに祖国が独立を果たすと、再び彼の作風は変わる。民族主義の熱さでも、モダニズムの冷たさでもなく、どこか懐古的で汎（はん）世界的な空気が音楽全体を包み込んでゆくのである。結局、彼は一九二六年に交響詩「タピオラ」を完成させたあと、死去するまで三十年以上も作曲から遠ざかってしまった。原因は諸説あるが、彼の主要作を順に聴いてゆくと、この先に進む方向が想像できないことは確かだ。無調に進むとは思えないし、といって調性の中に留まるふうでもない。もしかすると、本人にとっても同様だったのかもしれない。

ロシアに生まれたセルゲイ・ラフマニノフ（1873–1943）は、ひとつ年下のシェーンベルクが無調へと乗り出そうとしていたその時期に、「交響曲第2番」（1907）など、後期ロマン派とロシア的抒情が共存する作品を発表している。これらの曲では、旋律や和声はきわめて半音階的かつ複雑に織り込まれているものの、調性の枠組みは確固として保持されている。

革命を機に亡命したあとは、アメリカを拠点にして主にピアニストとして活躍するが、それでも一九二七年には「ピアノ協奏曲第4番」、三四年には「パガニーニの主題による狂詩曲」

が、いずれもストコフスキー指揮によって初演された。

ラフマニノフの場合、もとから持つ抒情的な作風を大衆の国アメリカという市場に適合させた例ということになるだろうか。実際、彼の死後ほどなくして、アメリカでは爆発的な「ピアノ協奏曲第2番」のブームが起こっている（ハリウッド映画音楽の源流のひとつは、間違いなくラフマニノフの音楽にある）。

フランスのモーリス・ラヴェル（1875–1937）は、リスト的なピアノ曲からキャリアを開始。バレエ・リュスのための「ダフニスとクロエ」（1912）でモダニズムに接近したのち、「クープランの墓」（1917）で新古典主義的な作風に転じたかと思えば、ジャズや混濁した和声を用いた「左手のためのピアノ協奏曲」（1930）を発表……。その仕事は、解釈によっては、二十世紀前半の先端モードを次々に取り入れたものともいえる（歌曲「マダガスカル島民の歌」などはポスト・コロニアリズムのはるかな先駆であろう）。

ただし、面白いのはラヴェルの音楽が徹底的に非ドイツ的であった点だ。彼独特のシャープで端正なフォルムの感覚は、表現主義に見られるアンバランスとは到底相容（あいい）れず、その意味でラヴェルがドイツ・オーストリア的な現代音楽へと進むことは、おそらくあり得なかった。

シェーンベルクの無調、ストラヴィンスキーの「春の祭典」、そして一方では最後に触れたようなラヴェル、さまざまなスタイルの調性音楽が百花繚乱（ひゃっかりょうらん）といった様相を見せる二十世紀初頭は、ほかのどの時代と比べても豊かな音楽世界を開陳しているように、筆者には思える。

第2章　ハイブリッドという新しさ

オーストリア帝国内のモラヴィアに生まれた経済学者シュンペーター（1883–1950）は、経済の発展は五つの新結合（イノヴェーション）によって引き起こされると説いている（『経済発展の理論』1912）。その五つとは、新しい「財貨」「生産方法」「販路」「原料供給源」「組織」なのだが、音楽創作でも似たようなことがいえる。

シェーンベルクは無調という「新しい生産方法」を掲げながら、私的演奏協会という名の「新しい販路」「新しい組織」に立てこもったわけだが、同時期にもうひとつの解としてあらわれるのが、「新しい原料供給源」を開拓しようとする新古典主義である（ちなみに「新しい財貨」は、のちのジョン・ケージのような誰もが考えなかった音楽概念の提出ということになろうか）。

もちろん、経済と芸術創作は同列では論じられず、以上は半ばお遊びといってよい連想にすぎないのだが、しかし性急なまでのイノヴェーションの希求という点において、この時代の芸術家とシュンペーターは同じような精神風土を共有しているようにも思われるのである。

「古さによって、新しさを演出する」という方法は、場当たり的にもみえる。当の作曲家たちもこんなことが長く続くとは思っていなかったはずだ。しかし、レコードやラジオといったメディアによって急速に醸成された歴史意識、ジャズをはじめとする大衆音楽との出会いなどを通じて、新古典主義は意外なほどにしぶとく、その可能性を開示してゆくことになる。

ダヴィッド「ユピテルとテティス」(1811).

あらかじめ喪失された古典古代

美術史において「新古典主義」といえば、一般にはダヴィッドやアングルに代表される十八世紀後半のフランス絵画を指す。ヴィンケルマン『ギリシャ美術模倣論』(1755)などを理論的な支柱として、彼らは装飾的なロココとは異なる、「高貴なる簡素さと静寂なる偉大さ」を求めて創作を行なった。建築史においても事情はほぼ変わらない。

では、その同時代の音楽はといえば……「古典派」の時代なのである。大雑把にいえば、先のダヴィッドはモーツァルトと、そしてアングルはベートーヴェンと同世代だ。

「新古典主義」と「古典派」。実はこの一周遅れのズレの中には、音楽芸術特有の事情が潜んでいる。音楽が他の諸芸術と決定的に異なるのは、ギリシャ、ローマという古典古代とぷっつり切れてしまっていることだ。

もちろん、古代にも豊かな音楽実践があっただろう。絵画や文学の中には、その痕跡が残されている。しかしのちに音響を再構築できるような「楽譜」がほとんど存在していないために、実体はほとんど不明なのだ。音楽史における古典派という命名は、単にベートーヴェンらの音楽がその後の「古典」となったことを意味しているにすぎない。

古典古代を持たない芸術。西洋文化の中において、それがどれほど異様なことか。美術、建築、文芸、演劇といった芸術ジャンルはすべて、ギリシャ・ローマというユートピアから連綿と繋がる河の下流に位置しており、その源への憧憬の中で営まれてきた。

しかし音楽の場合、源流を求めようとするならば、想像で創ってしまうほかない。バロック期に始まった「オペラ」はまさにそうした運動だった（余談ながらも、その意味では本来、これこそ音楽における「ルネサンス」というべきではないか?）。また、音楽が古典古代を持たないことに一種の不全感を持っていたワーグナーは、自ら「楽劇」という形でギリシャ悲劇を再創造しようとした。

であるから、音楽史における「新古典主義」は、美術のそれとはまったく関係がない。この運動は、二十世紀初頭における音楽地盤の大変動の中で、瀕死の状態にあったクラシック音楽の創作に施された人工呼吸のようなものといってよい。「分かりやすい新しさ」を得るために、過去から何らかのモデルを引き出して、現在と混ぜ合わせてしまうこと。これが新古典主義の基本的な戦略である。これは決して復古主義などではなく、きわめてモダンな態度というべきだろう。

もっとも、過去であっても直近の十九世紀音楽、すなわちドイツ・ロマン派音楽は使えない。それでは単に鈍重な「時代遅れ」になってしまう（ファッションの世界において、少し前の流行が冴えなく感じられるように）。逆にいえば、その対象は十九世紀よりも前ならばなんでもよかった。古典派、バッハ、フランス・バロック、イタリア・バロック、あるいはもっと前の音楽……。

ストラヴィンスキーと新古典主義

こうしたなか、一頭地を抜く活躍を見せたのが、ストラヴィンスキーである。

前章でみた「春の祭典」（1913）と、本章で取り上げる彼の作品は相当に様相が異なっており、ゆえにしばしばストラヴィンスキーは「カメレオン作曲家」と評されたりもする。しかし恐ろしいほど即物的という一点において、その音楽は一貫していよう。心情の吐露というロマン派的な姿勢からはるか遠くに位置していたがゆえに、彼は求められれば、どんな音楽でも書

イーゴリ・ストラヴィンスキー（1882–1971）．写真：ArenaPAL／アフロ．

くことができた。抜群の技術を持った「心のない作曲家」なのである。

あらたな一歩は、またしてもディアギレフの差し金によるものだった。

ドメニコ・スカルラッティの作品を用いたバレエ（「上機嫌な婦人たち」）が好評を得たことに気を良くしたディアギレフは、イタリアやロンドンでかき集めた十八世紀の作曲家ペルゴレージの楽譜（ペルゴレージ作として伝えられていた他の作曲家の作品も含まれていたのだが）を素材にしたバレエ曲を、ストラヴィンスキーに依頼する。

こうして出来上がった「プルチネッラ」（1920）は、ある意味ではストレートな編曲作品といえる（初演のポスターにも「ストラヴィンスキー編曲」と記されている）。何も知らない人が聴いたら、まずバロック音楽だと思うだろう。しかし、少しばかり注意深く耳を傾けてみるならば、たとえば第3曲の後半などで違和感を覚えるはずだ。和音もリズムも伝統的なのに、響きが奇妙に新しい。こうした箇所では、原曲の素材を用いつつも楽器法のちょっとした工夫や楽想の反復などによって、現代的な味つけが施されているわけだ。

新古典主義に関する浩瀚な書物を著したスコット・メッシングによれば、大戦後において、

「新古典主義」の語が適用された最初の例は、彼の「管楽器のための交響曲」（1920）であるという。たしかに冒頭から屹立する管楽器の響きはロマン派的な抒情の残滓を一切感じさせないが、しかしロシア民謡に近いニュアンスや野蛮さが残されている点では、以前の様式への先祖返りという見方も可能かもしれない。

筆者の考えでは、ストラヴィンスキーの新古典主義時代は、なにより以下の二つの作品に集約される。

「ミューズを率いるアポロ」ヨーロッパ公演（1928）.

まずは管楽器のための「八重奏曲」（1923）。三つの楽章をソナタ、変奏曲、ロンドという伝統的なフォルムで固め、拍節も調も――しばしば攪乱されはするが――基本的には保持される。サーカス音楽のような響きを持ちながら、一皮むけば精緻な計算に満ちたこの曲は、まるで新古典主義のひな形のようでもある。また、どこまで本気でどこからふざけているのか分からない曲調は作曲者ならではの味わいだ。

一方、弦楽器のための「ミューズを率いるアポロ」（1928）は、その対極ともいえる「新古典主義」音楽である。古代を題材にしたバレエ作品だが、面白いことに、この曲には彼の音楽に特有の、対象から一歩身を引いた皮肉や諧謔があまり感じられない。全体は完全な調性音楽であり、冒頭からリュリ風のフランス風序曲が流れ出してくる。白眉といえるのは第2場の後半に置かれた「アポロのヴァリアシオン」だろう。この部分は、ことによっては作曲家観を変更せねばと思わせるような、真摯な感情にあふれた音楽なのだ。

バレエ・リュスではなく、アメリカからの委嘱で書かれていることも、そのひとつの原因なのだろう。いずれにしても、彼がかなり真剣に作曲に取り組んだことは、『自伝』の中で、この作品に意外なほど多くのスペースが与えられていることからもうかがえる。

これほど「保守的」な様式であるにもかかわらず、それでもストラヴィンスキーの作品が新しく感じられるのは、ひとえに歴史的文脈への意識ゆえだ。調というシステムが明らかに揺らいでいる時期に、あえて調性音楽を書くという身振り。それこそが現代的なのだという、一種の転倒がここでは起こっている。これは、新古典主義というムーヴメントのひとつの本質といえるだろう。

ジャズと機械

新古典主義は、大衆社会と緩やかに連携するためのモデルを過去の音楽に求めたわけだが、同時期にジャズというもうひとつのモデルがヨーロッパに上陸した。

すでに一九〇〇年にはジョン・フィリップ・スーザの楽隊がヨーロッパを訪れるなど、アメリカの音楽は徐々に流入してはいたが（スーザらの紹介したダンス音楽をもとにして、ドビュッシーはパロディ的な小品「ゴリウォーグのケークウォーク」〔1908〕を書いている）、しかし、一九一七年、アメリカが第一次世界大戦に参戦し、大量の米軍がフランスに駐屯するようになると、ジャズはアメリカの音楽隊やレコードによって、瞬く間にヨーロッパに浸透していった。

もっとも、当時のジャズという語が、黒人的なリズムを基盤にしたダンス音楽を広く指すものであったことには注意しておく必要がある。大戦後の一九二〇年代といえば、まだ本国アメリカでもシンプルなディキシーランドからスウィングへの移行期であり、当然のことながらビバップ以降の複雑なコードチェンジや、シリアスな表現様式には至っていない。

ジェリー・ロール・モートン（1890–1941）.

ストラヴィンスキーは、ジャズをいち早く取り入れた作曲家のひとりでもある。彼は早くも一九一六年の時点で、指揮者エルネスト・アンセルメを通じてジャズの楽譜や録音を入手し、「一一楽器のためのラグタイム」（1918）と「ピアノのためのラグタイム」（1919）を書いた。また「兵士の物語」（1918）におけるコントラバスやコルネットを含んだ七重奏という編成は、ジャズにヒントを得たのだとのちに述懐している。

批評家アレックス・ロスは、アンセルメがもたらした楽譜はジャズ黎明期に活躍したジェリー・ロール・モートンの楽曲ではなかったかと推測しているが、なるほど確かに彼の「ジェリー・ロール・ブルース」などを聴くと、ストラヴィンスキー作品とのほのかな類似を感じ取ることができよう。

ジャズはこのあと、後述する「六人組」の作曲家たちやヒンデミットなどによって盛んに用いられることになるが、なにより注目すべきは、新古典主義音楽とジャズに共通した「軽さ」の感覚である。表現主義とは対極にある、小気味よいリズムと三和音の醸し出す乾いた感覚こそが、この時代の気分だった。

その意味において、新古典主義のもうひとつのモデルとなったのが「機械」である。

かつての産業革命が綿織物の生産を中心とした軽工業化であったのに対して、十九世紀末から二十世紀にかけて起こった「第二次産業革命」は、鉄鋼などの重工業化、石油資源などの化学工業化、そしてさまざまな産業における電化を背景にした巨大な転換である。この時期、機械は誰にとってもごく身近なものとなっていた。

イタリア未来派の芸術運動は、機械の美やスピードを礼賛する点において先駆的な性格を持っていたが、しかし音楽に関してはルイジ・ルッソロの騒音音楽など、素朴かつ実験的な試みがなされた程度で、大きな影響をのちに及ぼすことはなかった（新しもの好きのディアギレフは一九一五年にルッソロの騒音音楽を聴きに行っているが、バレエ・リュスに取り入れることはなかった）。

一方、ロシアのセルゲイ・プロコフィエフが、その自伝の中で、自らの音楽の性格のひとつを「モーター（的）」と名付けているのは興味深い。人間的あるいはロマン派的なリズムが波打つように変動するのに対して、モーターは常に一定速度で回転する。この無機的かつ無慈悲な等拍運動は、新世紀を象徴するものだったはずだ。実際、彼の初期作品、たとえばピアノのための「トッカータ」（1912）は、まさにモーターのような突進が続く。

また、直接的に機械・モーターを模した音楽としては、アルテュール・オネゲル「パシフィック231」（1923）、アレクサンドル・モソロフ「鉄工所」（1926）、そしてプロコフィエフがバレエ・リュスのために書いた「鋼鉄の歩み」（1926）などが挙げられよう。

さらにこの頃、「機械のための音楽」、すなわち自動演奏楽器のための作品も次々にあらわれている。紙のロールを記録媒体として用いた自動ピアノが家庭に普及してゆくなか、一九一七年、この機械のために「練習曲」を書いたのが、（またもや！）ストラヴィンスキーであった。一九二六年には、ドナウエッシンゲン音楽祭において、エルンスト・トッホやパウル・ヒンデミットによる自動演奏楽器のための作品特集が組まれているが、この時に発表されたヒンデミット「トッカータ」（1926）は、「機械による／機械的な」音楽の代表的な例といえる。

こうして大戦後の音楽は、生命体から「モノ」へと近づいてゆくことになる。それに拍車をかけたのがレコードの登場だった。

録音の登場、あるいは音楽のネクロフィリア

筆者が大学で担当している音楽史の講義では、「音楽の歴史において、もっとも重要な切断点はいつか」という質問を学生に投げかけることがある。フランス革命、バッハの「平均律」、あるいは第二次世界大戦など、さまざまな答えが返ってくるのだが、筆者が一切の異論を認めず、独裁者のごとく（？）提示するのは「一八七七年」という答えである。

古来、人間が音を留めおくことは不可能だった。ゆえに師から弟子への口頭伝承が行われ、楽譜というシステムは精密化の一途をたどったが、それでも空気の振動は二度と帰ってこない。

エジソンと蓄音機.

しかし一八七七年、エジソンの発明したレコードによって、人類史上初めて音を「記録」し、「再現」し、さらには「複製」することが可能になった。これは音楽という芸術の性格を、ほとんど根底から揺るがす事件だった。

当初、エジソンが想定していたレコードのさまざまな用途のうち、音楽は「速記、盲人の助け、オルゴール替わり、偉人の言葉の記録……」といった項目のひとつにすぎない。貧弱な音質のせいもあっただろうが、彼はこの新しいメディアを、基本的には声を保存するツールと考えていた。発明の重点は「量産的な複製ではなく保存に置かれている。そして音楽ではなく声

に、娯楽ではなく実生活に、私的な利用ではなく公的な事業におかれている」（細川周平『レコードの美学』）というわけである。

しかし、レコードはやがて、主に音楽を記録・再生するための道具として急激な発展を遂げることになる。

この状況に拍車をかけたのが、ラジオというメディアだ。一九二〇年にアメリカで世界最初のラジオ放送が開始されると、フランス、ソ連、イギリス、ドイツ、イタリアがそれに続き、二五年には日本でも放送が始まった。

「レコードに記録された音楽をラジオのスピーカーから聴く」という、まったく新しい聴取のスタイルが、この時期に忽然（こつぜん）とあらわれたわけだ。しかもラジオ本体を購入しさえすれば、どれだけ聴いても無料。ここにおいて、階級にも年収にも拘束されない音楽享受が史上初めて実現したともいえる。

クラシック音楽の演奏に関して、これ以降、ふたつの傾向が生まれることになった。ひとつは演奏家などいなくても音楽を聴くことができる、という演奏家軽視の思想。なにしろ家庭でスイッチを押せばモノとしての音楽が放出されるのだ。もうひとつは逆に、演奏の差異こそがクラシック音楽の楽しみである、という演奏家重視の思想。

ふたつは一見すると相反しているようだが、モノであるからこそ詳細な細部の比較が可能になるわけだから、前者と後者は通底している。

こうした変化は、聴き手のみならず、演奏家の姿勢にも当然ながら影響を及ぼした。かつて演奏家と聴衆は一期一会の関係にすぎなかったが、レコードによる演奏は何度でも繰り返すことができる上に、常に他の演奏との客観的な比較が可能だ。

かくして、その場の空気に反応して臨機応変に音楽をドライブする「十九世紀的／主観的」な演奏から、いつどこで聴いても同様の価値を有する「二十世紀的／客観的」な演奏へのシフトが起こる。もはやライヴの演奏であっても、録音と比較される時代が到来した。以後、「楽譜通り」にミスなしで演奏しつつも、一方で他人との差異が要求されるという、まるで二律背反といってもよい離れ業（わざ）が演奏家に課されることになる。

しかし、その困難をクリアしさえすれば、マスメディアの発達はそれまでにないスケールの成功を、演奏家に用意した。

レコードによるクラシック演奏家の嚆矢（こうし）といえるのが、一九〇二年から録音を開始したオペラ歌手エンリコ・カルーソーである。彼の歌った「衣装をつけろ」は百万枚以上のセールスを記録し、初期のレコード産業を大きく活気づけた。

やがて、ヨゼフ・ホフマン、ジャック・ティボーなどがここに参入し、さらに二〇年代に入ると指揮者のトスカニーニやワインガルトナー、ピアニストのアルフレッド・コルトー、ヴァイオリニストのフリッツ・クライスラーなどが次々に録音をリリースすることになった。

かくしてクラシック音楽の消費は、次第に演奏の差異へと焦点化されてゆくことになる。演奏の多様性は、原理的には楽譜の不完全性ゆえに生じているわけだが、まさに楽譜という存在を中心に置くクラシック音楽の場合、レコードの発明によってこうした「演奏の時代」が到来することは自明の理ともいえよう。

誰もが知るように、現在において、クラシック音楽をめぐる話題の大半を占めるのは、ベートーヴェンの作品を誰がどのように解釈しているのか、といった類の言説である。さまざまな演奏の微小な差異がひたすら前景化される、一種のマニエリスムの世界といってよいかもしれない。かつて足繁く演奏会に通った人々を「見巧者」「通人」と呼ぶとすれば、膨大なレコード・コレクションを誇る新世代の音楽ファンには「マニア」という言葉がぴったりくる。どちらが良いということではないが、両者は似て非なる存在だろう。

デビュー当時のエンリコ・カルーソー（1873–1921）．写真：GRANGER.COM／アフロ．

かくして一種のネクロフィリア（屍体愛好者）のように、百年も二百年も前に亡くなった作曲家の作品ばかりを、さまざまな演奏で反芻して楽しむことが、クラシック音楽受容の中心に据えられることになった。ちなみに、同時代の作曲家に見向きもしない聴衆にうんざりしていたオネゲルは「作曲家の第一の資格は、もう死んだ者だということです」と皮肉を述べている（『私は作曲家である』）。

もうひとつ重要なのは、レコードの普及が同時に、歴史意識を強く促したことだ。誰もがバッハから現代にいたる「音楽史」を耳でたどることが可能な時代にあっては、作曲家たちは常に自らの作品を、その最先端に定位せねばならない。もはや素直に「よい曲」を作るだけでは済まなくなってしまったのである。

「ベル・エポック」から「レザネ・フォル」へ

ストラヴィンスキーがこの時期、主な発表の場としていたのはパリである。反ドイツ、反十九世紀、反ロマン派という性格を持つ新古典主義が、大戦後のパリにその主な生息地を定めたのは自然な流れだろう。

世紀末から第一次世界大戦までのパリは、「ベル・エポック（良き時代）」の名で知られているが、一方、大戦後の一九二〇年代は、しばしば「レザネ・フォル（狂乱の時代）」と呼ばれる。ベル・エポックが、普仏戦争以来の第三共和政を基盤にした華やかな時期であったのに対して、レザネ・フォルは、世界中からミツバチのように集まってきた芸術家たちが火花を散らす、まさに「狂乱」というべき時代である。

実際、先のストラヴィンスキーも含めて、この時期にパリで注目を集めた芸術家の多くは外国人なのだ。美術を例にとれば、パブロ・ピカソ（スペイン）、マルク・シャガール（ロシア）、ピート・モンドリアン（オランダ）、ジョアン・ミロ（スペイン）といった具合。

「ロスト・ジェネレーション」と呼ばれる一群のアメリカ人作家も、この二〇年代にパリに集まっている。その一人ヘミングウェイは「もし、君が幸運にも、青年時代をパリで過ごしたことがあるならば、残りの人生をどこで暮らそうとも、パリはついて回るだろう」といった一文を冒頭に掲げた『移動祝祭日』をのちに著すが、ここで描かれているスコット・フィッツジェラルド、エズラ・パウンド、そしてガートルード・スタインらとの交流は、当時のパリの雰囲気を鮮やかに伝えていよう。

雑多な文化の爆発は、ダンサー、歌手、のちには俳優もつとめたアメリカ人ジョセフィン・ベーカーの成功にも見て取れる。彼女はニューヨークで成功を収めたのち、一九二五年からパリに渡ってシャンゼリゼ劇場のレビューに出演し、爆発的な人気を博した。「褐色のヴィーナス」と呼ばれたしなやかな肢体は、「大戦後」「アメリカ」「ジャズ」などの新しい自由を体現するものであり、ピカソやヘミングウェイはこぞって、彼女をスターとしてもてはやした（ベーカーはその後フランスの市民権を取得したのち、第二次世界大戦中はレジスタンス運動に参加、さらにはキング牧師らとともにアメリカ公民権運動にかかわるなど、ダイナミックな人生を送ることになる）。

音楽の世界において新時代を象徴する作品となったのが、バレエ・リュスによる「パラード」(1917)である。音楽のエリック・サティ、美術のパブロ・ピカソ、台本のジャン・コクトーという三人の制作メンバーは、いずれもパリの新古典主義において中心的な役割を果たし

ジョセフィン・ベーカー（1906–75）．

た人物といえよう。

まずはエリック・サティ（1866–1925）。その音楽に見られる極度の単純さ、ツギハギ構造、滑稽（こっけい）なパロディ、さらには偽古代の感覚（「ジムノペディ」「グノシエンヌ」など）は、ドビュッシーの印象主義音楽とはまったく異なっており、若い作曲家たちのひとつの模範となった。

次にピカソ。本章の冒頭で、美術における新古典主義は十八世紀後半を指すと述べたが、一方で二〇年代のピカソを彼の「新古典主義時代」と呼ぶことがある。これはキュビズムを開拓したピカソが、ローマに滞在したおり古代美術に触れ、具象的な絵へと転じた時期を指している。まさにこの時ピカソには古典回帰が起こっていたわけだ。

そして詩人・批評家のジャン・コクトー。彼の『雄鶏（おんどり）とアルルカン』（1918）は「芸術、それは肉づけした科学だ」の一文で始まる、アフォリズムの形式を借りた音楽論だが、そこではサティの単純な軽やかさと、ワーグナーやドビュッシーの装飾的な鈍重さが対比させられている。サティの音楽のように断片の集積からなるこの書物は、一種の新古典主義宣言といってよい。

この書籍が、当時まだ十九歳のオーリックに捧げられていることからも明らかなように、コクトーはサティの精神を受け継ぐ若手として、いわゆる「六人組」の音楽を後押しした。「六人組」とは、批評家のアンリ・コレが「ロシア五人組」をもじって命名したもので、メンバーは歳の順に、ルイ・デュレ（1888–1979）、アルテュール・オネゲル（1892–1955）、ダリウス・ミヨー（1892–1974）、ジェルメーヌ・タイユフェール（1892–1983）、フランシス・プーランク（1899–1963）、ジョルジュ・オーリック（1899–1983）となる。

ピカソの新古典主義時代の代表作「浜辺を走る二人の女性」（1922）.

彼らは若干の共作を手がけた以外には、グループとしての活動を本格的に行ったわけではない。しかし、反ロマン主義、反ドビュッシーといった姿勢に加えて、いずれもが新時代の芸術である映画と関わっている点で共通点がある。デュレとプーランクはごくわずかしか担当していないが、タイユフェール、ミヨー、オネゲルはそれぞれ三〇本以上の、さらにオーリックになると百本以上の映画音楽を書いているのである。

もっとも、六人の作曲様式を仔細（しさい）にみるならば、その違いもまた大きい。

三〇年代には共産主義に傾倒し、第二次世界大戦後に

ミヨーが音楽を担当したバレエ「世界の創造」のために，フェルナン・レジェが制作した舞台美術.

「ホー・チ・ミンの二つの詩」(1951) など政治的なテキストによる曲を書くことになるデュレ、そしてスイス人(正確にはフランスとの二重国籍)ということもあってか、五つの交響曲をはじめとするドイツ的な厚みを持った音楽を書いたオネゲルの二人は、他のメンバーとはかなり毛色が異なっている。

タイユフェールとオーリックの二人は、サロン的で洒脱な小品が身上。オーリックの場合には「自由を我らに」「赤い風車」などをはじめとする映画音楽作曲家としての貌も大きい(ただし七十歳近くなってから書きはじめた「心象の産物」のシリーズでは、彼のモダンな側面を聴くことができる)。

プーランクは、この中ではもっとも複雑な音楽世界の持ち主だろう。何気ないピアノ小品の中にも旋法や多調が巧みに織り込まれており、当時復興しつつあったチェンバロを用いた「田園コンセール」(1927)、そして「オルガン協奏曲」(1938) では擬バロック的な音楽をいともたやすくこなしてしまう。後者を支配する宗教的な暗さは、その後のオペラ「カルメル会修道女の対話」(1957) へとつながってゆくことになった。

ミヨーは、ブラジルの民俗音楽を用いた「屋根の上の牡牛（おうし）」(1919)、ジャズを用いた「世界の創造」(1923) で賛否両論を巻き起こしたが、その後の「交響曲第1番」(1939) は、バロック組曲の原理とジャズ、そして多調などの要素を詰め合わせた、典型的な新古典主義音楽である。多調の手法に長けた彼は、のちに「弦楽四重奏曲第14番」と「第15番」(1949) の二曲を、それぞれ別に演奏しても、同時に重ね合わせてもよいという、奇天烈（きてれつ）な構想のもとに発表している（八重奏版の重層的な音響の滲（にじ）みは相当に現代的だ）。

「アメリカ国民音楽」と新古典主義

ミヨーは、その後半生にはヨーロッパとアメリカを行き来する生活を送ったが、この新大陸の音楽界に目を向けてみると、やはり第一次世界大戦を境にして、大きな変化を見て取ることができる。

十九世紀以来、アメリカのクラシック音楽界は、創作についても演奏についても、ドイツ・オーストリアの音楽を模範にして発展してきた。しかし一九一七年に大戦に参戦すると、ドイツは「敵国」になってしまう（このとき、ほとんどの楽団はドイツ系の演奏家や指揮者を解雇した）。

ドイツ音楽の代わりに彼らのモデルとして浮上したのが、もうひとつの「音楽の国」フランスである。一九二一年、パリ郊外のフォンテーヌブローに開設された「アメリカ音楽院」は、

ナディア・ブーランジェ（1887–1979）．

もともとはフランスに駐留しているアメリカ軍楽隊教育のための機関だが、ここで教えていた作曲家ナディア・ブーランジェの名声が高まると、アメリカの若い作曲家の卵たちが次々に彼女のもとにおしかけ、個人教授を乞うというコースが出来上がった。

ウォルター・ピストン（1894–1976）、ヴァージル・トムソン（1896–1989）、ロイ・ハリス（1898–1979）、アーロン・コープランド（1900–90）は、その最初期の弟子たちである。彼らはみな二〇年代にブーランジェに師事し、新古典主義音楽をみっちりと学んだ。なにより重要なのは、まさに彼らこそがアメリカの国民音楽を創出した人々だとみなされていることだ。

そもそもアメリカという国のアイデンティティは常に、先住民族、ヨーロッパのさまざまな国からの移民、そしてアフリカ系アメリカ人などに分裂せざるを得ない。しかし大戦後に「新古典主義」という、ハイブリッドな音楽様式と出会った時に、二十世紀のアメリカ音楽の方向性は定まった。

コープランド研究家のアングレット・ファウザーが「コープランドのアメリカ的なアイデンティティは内在的なものではなく、フランス文化との対話、そしてアメリカの文化活動をフランス側から理解することによって構築された」と述べるように、アメリカの国民音楽は、まさにフランス新古典主義の受容によって生まれたといってよい（とりわけミヨーの諸作品はそのひとつのモデルになったのではなかろうか）。

ヨーロッパの新古典主義は、これまで縷々説明してきたような、複雑でアイロニカルな経緯のもとにあらわれたが、アメリカ人は、その新古典主義をアイロニーなしに正面から受け取ることによって、国民音楽を創出したともいえるだろう。

では、ジャズは「本国」アメリカにおいて、どのようにクラシック音楽の中に取り入れられただろうか。コープランドやグローフェといった作曲家の作品がもともとジャズ的な要素を持っていることは確かだが、面白いことに、シリアスな作曲家たちがジャズを用いた例は決して多くない。

本格的にジャズを用いた作品の嚆矢としてはジョージ・ガーシュウィン（1898–1937）の「ラプソディ・イン・ブルー」（1924）とジョージ・アンタイル（1900–59）の「ジャズ・シンフォニー」（1925）が挙げられよう。ただし、これらはいずれもポール・ホワイトマン楽団による「ジャズの実験」というシリーズのために書かれた作品であり、ジャズ側からクラシックへの歩みよりという文脈でとらえることも可能だ（ただし、後者はその作風の過激さのために、ホワイトマンは演奏せずに終わった）。

ミシシッピ生まれの黒人作曲家で、エドガー・ヴァレーズに師事した経験があるウィリアム・グラント・スティル（1895–1978）の交響曲第1番「アフロ＝アメリカン」（1930）にも、ブルースをはじめとするさまざまなジャズ的要素を聴くことができる。しかしこれも、時代の要請というよりは、彼の人種的なアイデンティティを交響曲という枠組みの中で展開したものと考えた方がよいかもしれない。

ウィリアム・グラント・スティル（1895–1978）．

もうひとつの中心地——ベルリン

第一次世界大戦後のドイツ、とりわけベルリンでも奇妙な形で文化の爆発が生じていた。「現実になろうとした一つの理想」（ピーター・ゲイ）と呼ばれるヴァイマール共和国（正式国名はドイツ国だが、一九一九年に国民議会がヴァイマールで開かれたため、一般にこの名がある）は、国民主権や男女同権を謳うなど、当時もっとも民主的な憲法のもとに成立するも、わずか一四年間でナチに吸い込まれてしまった国家である。

新しい共和制時代の芸術は、プロイセン的なマチズモとも、さらには戦前の表現主義的な重さとも距離を取るほかなく、かくしてここでも新古典主義的な様式が主流になった。しかしドイツの場合には、その構図に根本的なねじれがある。

フランス人にとって反ロマン主義・反ドイツ的であることはたやすいが、しかしドイツの場合には敗戦という屈辱を引き受け、莫大な賠償金を払い続けながら、自らの過去を否定しなければならない。これは、なかなかに辛いことだろう。結果として、ヴァイマール期の芸術の多くには、一種の皮相な感覚と、ひきつった笑いのような独特の表情が刻印されることになった。

ベルリンでまず人気を得たのは、アメリカの大衆文化に範をとった、商業と芸術の間で危ういバランスを取る文化スタイルである。

「……通俗娯楽という軽装のミューズ——すなわちキャバレー、笑劇、流行歌、映画——に関する限り、ベルリンの方がパリよりも上であった。このことは、まったく予想外のことであり、ドイツの伝統にも合わないことであった。なぜなら、わいせつと好色はむかしからフランス人の十八番と相場がきまっていたからである」と歴史家ウォルター・ラカーは述べているが（『ワイマル文化を生きた人びと』）、おそらく帝国時代の「重さ」から逃れようというドイツ人の思いには、切実なものがあったはずだ。

「嘆きの天使」のマレーネ・ディートリヒ.

マレーネ・ディートリヒ主演による、ドイツ初のトーキー映画「嘆きの天使」（1930）は、謹厳実直な教授が歌姫のもとに通いつめ堕落してゆく様子を描いて大ヒットを記録したが、性的な女性に身も心も捧げる主人公の姿に、ベルリンの人々は自らの姿を重ねたに違いない。

ウィーンの専売特許だったオペレッタが、この時期にベルリンへと中心を移したのも、象徴的な出来事だろう。ベルリン・オペレッタ初期の代表作であるエドゥアルト・キュネッケ（1885–1953）の「どこかのいとこ」（1921）は、くっきりとした輪郭の旋律による楽しくも罪のない音楽だし、巨匠フランツ・レハールも、ヴァイマール時代にはウィーンからベルリンへと居を移し、「ロシアの皇太子」（1927）、「微笑みの国」（1929）といった新しいタイプのオペレッタを初演して大歓迎を受けることになった。

また、先のキュネッケ作品をはじめとして、ヴァイマール時代には、多くのオペレッタが映画化されている（一九二六年、リヒャルト・シュトラウスが「ばらの騎士」をサイレント映画の伴奏用に編曲しているのも、こうした文脈の中に置くことができよう）。すなわち演劇・オペレッタ・映画は、この時代の色彩に色濃く染められるなかで、相互に変換可能なメディアとなっていた。

興味深いことに、あのシェーンベルクさえもこの時期のベルリンにおいて、都市生活の中で翻弄される夫婦の痴話喧嘩を題材にしたコミカルな一幕オペラ「今日から明日まで」（1929）を書いている。音楽自体が極度にシリアスであることを思えば、彼自身は軽薄な世相への批判を込めたのだろうが、結果として生じた泣き笑いのような様相は、いかにもヴァイマール的だ。

一方、ベルリンにも上陸した新音楽ジャズは、一九二三年から始まったラジオ放送、そしてレコードによって、一気に拡がっていった。さらに二六年には「褐色のヴィーナス」ジョセフィン・ベーカーがパリからやってきてセンセーションを巻き起こすとともに、アメリカからはポール・ホワイトマンのバンドが訪れて、本格的なジャズ受容が始まる。

ちょうどこの頃に書かれたヘルマン・ヘッセの小説『荒野のおおかみ』（1927）には、こうした新文化に対する魅力と嫌悪が絶妙の塩梅で綴られている。モーツァルトとゲーテを深く愛する主人公ハリーは、ダンスホールの前でジャズと出会う。「この種の音楽を私はひどく嫌っていたが、いつも私にとってひそかな魅力を持っていた。（中略）ジャズは愉快なまなましい野蛮さで、私の場合でも本能世界を深く射当て、素朴で正直な官能を呼吸していた」。彼は結局、若い女と付き合いはじめ、ダンスのレコードや「蓄音機」を買わされることになる。

ジャズを用いたオペラとしてしばしば挙げられるのが「ジョニーは演奏する」（1926）である。作者はエルンスト・クルシェネク（1900–91）。彼はウィーン音楽院で当時の人気オペラ作家フランツ・シュレーカーに学んでいるが、ベルリン高等音楽学校の校長に就任した師を追って、自らもベルリンに移住したのだった。

黒人のジャズ奏者のヴァイオリン盗みと恋の駆け引きを描いた「ジョニー」は、一九二七年にライプツィヒで初演されるやいなや、シーズン中に上演が四百回を超え、その後もヨーロッパ中の劇場を制覇したメガ・ヒット作品である。調性、無調、ジャズ、そして既存のオペラの断片を思わせる旋律がツギハギ的に並べられてゆく作品だが、全体を覆っているのは紛れもない軽さであり、この気分が当時の聴衆にぴたりとはまったのだろう。

より本格的にジャズと関わった作曲家には、エルヴィン・シュルホフ（1894–1942）がいる。プラハに生まれた彼は、大戦後には社会主義者として活動するとともに（管弦楽伴奏付き歌曲「風景」〔1919〕はカール・リープクネヒトに捧げられた後期ロマン派的な音楽だ）、一時期はシェーンベルクの「私的演奏協会」にも参加。やがて画家ジョージ・グロスの家でジャズのレコードに接すると、その自由さに惹かれて作風を変化させた。たとえば「五つのピトレスク」（1919）は基本的には単純なラグタイム風の音楽だが、第3曲「未来に」では休符と記号のみが楽譜に記されるという、極度に実験的な趣向が用いられている。さらに、数年後の「五つのジャズ・エチュード」（1926）

III. In futurum

未来に

シュルホフ「未来に」の楽譜．休符と奇妙な顔文字のみが記されている．

になると、半ば無調的な語法とジャズのエッセンスが見事に溶け合っており、スウィング以降のジャズを予見するようでさえある。

また、大戦中にスイスのチューリヒで産声をあげた過激な芸術運動「ダダイズム」の流れを組む異色の芸術家として、ハノーファーやベルリンで活動したクルト・シュヴィッタース（1887–1948）の名を挙げておきたい。彼は古雑誌や廃物を利用したコラージュ作品「メルツ絵画」、自宅の部屋そのものをインスタレーション作品にした「メルツバウ」といった奇怪な制作物を手がける一方で、「ウアソナタ（原ソナタ）」と題した音響詩（音素をさまざまな抑揚をつけて発する、音楽と詩の中間的な形態）を発表し、前衛的な声楽作品の先駆となった。彼の軌跡は、新古典主義とは異なりきわめて実験的であるが、反権威的な軽みを重んじる点には、ヴァイマールという時代が紛れもなく刻印されている。

ヴァイマールからデッサウへ移転した頃のバウハウス（その後，さらにベルリンへと移転）．

バウハウスと社会主義

ヴァイマール期の文化活動の中でも「バウハウス」は独特の光彩を放っている。

これは一九一九年にヴァイマールで設立された芸術教

育学校だが、最大の特徴は、美術や建築などの分野を中心にして、日常の生活と芸術を結ぶ新しいコンセプトが模索されていた点にあろう。

なによりメンバーが豪華だ。ざっと挙げるだけでも、建築ではヴァルター・グロピウス（初代校長）、ミース・ファン・デル・ローエ、美術ではパウル・クレー、ラースロー・モホリ＝ナジ、カンディンスキー、モンドリアンといった人々が参加しているのである。

バウハウスにおける音楽に関しては、これまであまり話題になってこなかったが、しかし近年のクレメント・ジュウィットの研究からは、この学校の「バウハウス・バンド」が前衛的なジャズを実践していたこと、そして校内で当時の新音楽が次々に紹介されていたことがわかる。たとえば一九二三年の「バウハウス週間」では、ヒンデミット、ストラヴィンスキー、クルシェネク、ヴォルペらの作品が演奏され、また美術作家オスカー・シュレンマーの考案した「三つ組のバレエ」（機械的な動きのダンスと、光や色を駆使した舞台装置による）が、ヒンデミットの自動ピアノ音楽とともに抜粋上演されている。さらに一九三一年にはアメリカの作曲家ヘンリー・カウエルがバウハウスを訪問し、拳（こぶし）や肘（ひじ）を使ったピアノ演奏を披露したという。

バウハウスの初代校長グロピウスは、共和国成立とともに結成された社会主義芸術集団「十一月グループ」に属していたが、やがてこのグループにはヴァイル、アイスラー、ヴォルペといった、当時のドイツにおいてもっとも活（い）きがよく才能豊かな若手作曲家が加入することになった。

　彼らはいずれも、最初期には難解な現代作品を手がけていたが、社会主義への傾倒とともに、大衆にも理解可能な「分かりやすい」芸術へと移行した。すなわち、彼らはストラヴィンスキーや六人組とは異なる理由で、この時期に新古典主義的な音楽を書くに至ったわけである。

　クルト・ヴァイル（1900–50）の才能は、若書きの「交響曲第1番」（1921）から既に明らかだ。スリルにあふれた楽想が自在に炸裂する、才気煥発を絵に描いたような音楽なのである。「弦楽四重奏曲」（1923）もまたしかり。しかし彼は二〇年代半ばを過ぎると、大衆的な様式へと舵を切り、劇作家ベルトルト・ブレヒトとの共同作業である「三文オペラ」（1928）へと進んでゆく。

クルト・ヴァイルと，その妻で歌手のロッテ・レーニャ．写真：AP／アフロ．

　ベルリンで初演されたこのオペラは、当時、一世を風靡する大ヒットになったのだが、いま初めて聴く人は、どこが現代オペラなのかと首をかしげるに違いない。チープな大衆歌のような旋律と地のセリフが交替する様子は、場末のミュージカルのようでもある。しかし、聴いてゆくうちに、その一曲一曲に、なんとも憎めない味があることが分かってくる。おそらくこの場末感こそがヴァイマール文化の重要な一面なのだ。

シュテファン・ヴォルペ（1902–72）は、ベルリン音楽大学に学び、バウハウスに足繁く出入りするなかで、一九二五年には「ピアノ・ソナタ第1番」（「直立する音楽」と題された第1章のみが現存）を発表。これは驚くほど過激な音楽だ。シェーンベルクよりもはるかに攻撃的で、まるで前衛ジャズのような響きがする。しかし彼も一九二八年の室内オペラ「ゼウスとエリダ」では平易な作風に転じた。

ハンス・アイスラー（1898–1962）は、一時期はシェーンベルクにもっとも才能を認められた弟子であり、師譲りの無調作品を書いていたが、やはり社会主義に傾倒するとともに作風を変化させた。たとえばラジオ放送用のカンタータ「時代のテンポ」（1929）ではすっかり調性音楽へと転じている。

一九三三年、ナチスの政権掌握とともにバウハウスは閉鎖された。そして三人の作曲家もドイツから亡命することになる。ユダヤ人であったヴァイルとヴォルペの場合、前者はアメリカでミュージカル作曲家としてヒットをとばし、後者はパレスチナ滞在を経たのち、やはりアメリカに渡って実験音楽に関わった。アイスラーはアメリカ生活を経たあと、第二次世界大戦後には東ドイツへと「帰国」し、国民的な作曲家となった。ヴァイマールという環境の中で育ち、特段の才能に恵まれた三人は、いずれも数奇な運命をたどったといえよう。

ヒンデミットの軌跡

一九二五年、マンハイムの画廊で開催された展覧会において、オットー・ディクスやジョージ・グロスの絵画が「新即物主義」の名のもとに紹介された。これは表現主義のようにデフォルメをくわえず、対象を即物的に（しかし極度にアイロニカルに）捉える傾向を持つ一群の画家の作風を指している。

音楽において、しばしば新即物主義の名が冠されるのが、この時期のヒンデミットの音楽だ。これをドイツ的な新古典主義の一形態と考えてもよいだろう。

パウル・ヒンデミット（1895–1963）は、活動初期には表現主義的なオペラなどを発表していたが、しかしドイツ敗戦後、ヴァイマール共和国の時代に入ってからは新古典主義的な作品を多く手がけるようになる。

ジョージ・グロス「社会を支える人々」（1926）．

たとえばドナウエッシンゲン音楽祭で一九二二年に初演された「室内音楽第1番」（1921）。冒頭から乾いた音の群がキラキラと輝き、リズムが跳ねまわる。機械的かつジャズ的であり、また無声映画のために書かれた音楽のようでもある。「室内音

若き日のパウル・ヒンデミット.

楽」のシリーズはその後、協奏曲のフォーマットを用いながら、無調、調性、バロック音楽、名人芸、既成曲の引用、さらには都市的な噪音の要素までをも含みこむという、極度にハイブリッドな様相を呈することになった。

また、彼は多くの楽曲（とりわけピアノ曲）でジャズを取り入れているが、そのうちのひとつ「一九二二年」（1922）では、楽譜に「ピアノを珍しい種類の打楽器とみなし、そのようにふるまうこと」との注釈を記している。この時期のヒンデミットが持っていた暴力的な即物性がよくあらわれていよう。

一方、オペラ「カルディヤック」（1926）は、金細工の職人カルディヤックが、自分の作品を愛するあまり次々に殺人を犯すという表現主義的な題材を、管楽器を生かした乾いた感覚で扱った作品。つまりこの中には表現主義時代のヒンデミットと新古典主義時代のヒンデミットが二重写しになっており、結果としてその幅が、きわめて豊かな滋味を作品にもたらしている。

ヒンデミットはその後、「実用音楽」と呼ばれる（ただし彼自身はこの名を嫌った）、何らかの用途に奉仕する音楽へと傾斜してゆくことになるが、とりわけアマチュアのための作品を創ることは、このあと生涯にわたっての課題となった。これは彼自身が弦楽器奏者として活躍したことにも関係しているだろうし、日常と芸術をつなぐバウハウス的なモティーフの展開ともいえよう。また、ブレヒトとの共同作業（たとえば一九二七年にヴァイルとの共作で書かれたラジオ劇「リンドバーグの飛行」）では、あからさまなまでに大衆的な語法が用いられている。すなわち彼もまた、ヴァイマールの申し子なのだ。

ヒンデミットに限らないことだが、ヴァイマール時代に生きた多くの音楽家に共通するのは、新しさを追求する芸術家であっても決して社会から孤絶した存在ではなく、大衆とともに生きるひとりの人間だという認識であるように思われる。

第3章　ファシズムの中の音楽

新古典主義は一九二〇年代のヨーロッパを席捲（せっけん）したが、この傾向は予想外のかたちで三〇年代にも保持されることになる。

イタリアでは一九二二年にムッソリーニが政権をとり、ドイツでは一九三三年にヒトラーが全権委任法を成立させた。また、レーニンが死去したあとのソ連でも、三〇年代にはスターリンの独裁がほぼ完成している。

音楽は、こうした政治体制の中で、必然として国家に奉仕する役割を求められるようになるが、そうした要請と新しい創作への欲求を同時に満たす方法は、新古典主義の延長線上にしか見出せなかったはずだ。かくして新古典主義の「第二フェイズ」といってもよい光景が展開されることになる。

以下、本章では一九三〇年代から四〇年代にかけて、これら広義の全体主義がどのように創作に作用したのかについて、主要各国のケースを考察する。この時期は多くの創作者にとって受難というほかなかったわけだが、一方で後述するように、そこには現代音楽と社会を貫く重要なモティーフも潜んでいたと筆者は考えている。

アヴァンギャルドから「社会主義リアリズム」へ

一九一七年、ロシア革命が勃発。大戦、革命、そしてその後の内戦で国内が大混乱に陥る中、少なからぬ芸術家が、新生国家であるソヴィエト社会主義共和国連邦（ソ連）から亡命する。国から離れた主な作曲家には、ラフマニノフ、メトネル、グレチャニノフ、そしてプロコフィエフ（ただし、のちに帰国）らがいる。また、指揮のクーセヴィツキー、ヴァイオリンのハイフェッツ、ピアノのホロヴィッツ、歌手のシャリアピン等々、著名演奏家も多くが国外に活動の場を求めた。

アナトリー・ルナチャルスキー（1875–1933）.

ボリシェヴィキ政権が劇場、楽団、音楽学校、出版社などを次々に国有化してゆくなか、ソ連最初期に教育人民委員（文化相）を務めたのが、アナトリー・ルナチャルスキーである。

チューリヒやパリに長く滞在し、時には芸術批評も手がけた彼の教養人としての一端は、ソ連初期の革命家たちを描いた著書『革命のシルエット』(1923) にもうかがうことができる。レーニンとヴェルレーヌの顔がよく似ているというエピソードが、すんなりとソクラテスやプラトンの話題へと転じてゆく様子は、まるで哲学者のエッセイのようなのだ。

ルナチャルスキーは、世界史上まったく新しい国家には、世界史上まったく新しい芸術がふさわしいと考えていた。かくして彼は、革命とともに帰国した画家カンディンスキーや、演劇のメイエルホリドなど、最先端の芸術家を政府の委員として積極的に起用する。このとき音楽部門の主任に据えられたのは、まだ二十代のアルテュール・ルリエー (1892–1966) だった。

ルリエーはしばしばニコライ・ロスラヴェッツ (1881–1944) やイワン・ヴィシネグラツキー (1893–1979) とともに「ロシア・アヴァンギャルド」の作曲家と呼ばれる。彼らは、いずれもスクリャービンからの影響が色濃い作品から出発したが、しかし革命の前後には既に、当時の独仏にも決して劣らない前衛的な手法を試すようになっていた。

たとえばルリエーは、ピカソに献呈したピアノ曲「大気のかたち」(1915) で、図形的に五線譜を配する試みを行なっているし (左頁参照)、ヴィシネグラツキーは、微分音 (半音よりも狭い音程) に関する驚くべき精緻な理論を構築しながら「弦楽四重奏曲第1番」(1924) ほかを発表。ロスラヴェッツも「三つのコンポジション」(1914) で一気に無調へと近づいた。

他の芸術分野に関しても、画家マレーヴィチ、建築家タトリン、詩人マヤコフスキーなどが急進的な作風を競いあっており、すなわちルナチャルスキーの思惑通りに、当初、新しい国家と新しい芸術はパラレルな関係にあったといえよう。

しかし、革命の熱気が冷め、内戦が終熄（しゅうそく）してゆくと、こうした動きは抑圧されてゆく。結果としてヴィシネグラツキーとルリエーはパリへと亡命し、カンディンスキーもベルリンへと去った。人民芸術家の称号を得たメイエルホリドは、その後政治犯として逮捕され、銃殺されてしまう。

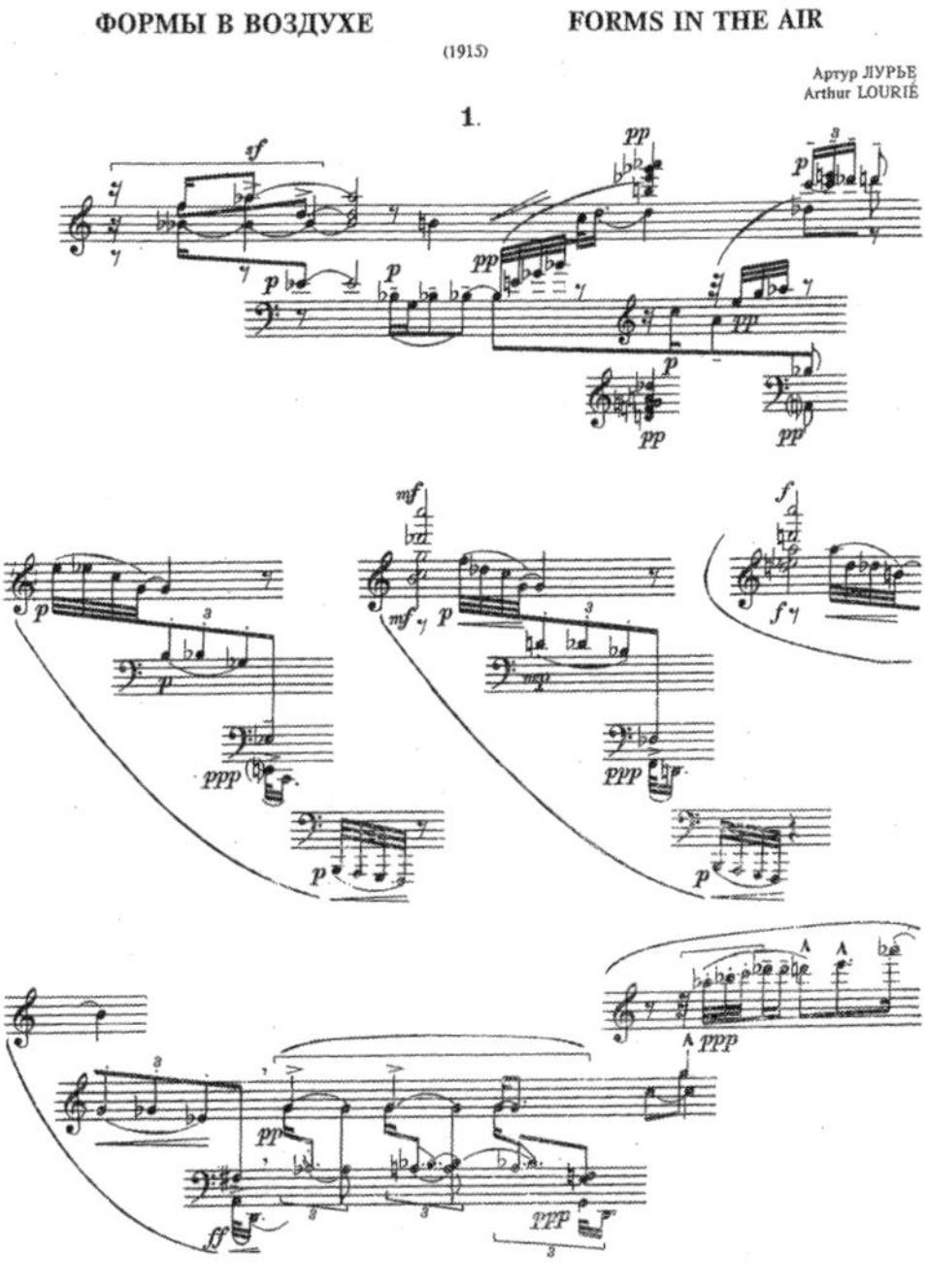

こうした状況の変化は、新経済政策（ネップ）、レーニンの死去、第一次五カ年計画といった流れの中で、ソ連が社会主義国家としての方向性を定めていった結果、生じたものといえよう（ルナチャルスキー自身も二九年には人民委員の職を解かれた）。

ФОРМЫ В ВОЗДУХЕ　FORMS IN THE AIR
(1915)
Артур ЛУРЬЕ
Arthur LOURIÉ

ルリエー「大気のかたち」（1915）の楽譜.

ウラジーミル・タトリン（1885–1953）の「第三インターナショナル記念塔」模型（1919）．400メートルの高さと回転する内部を持つ斬新な設計だったが，結局実現しなかった．

一九三二年四月、ついに既成の芸術組織はすべて解体を命じられ、音楽に関しては「ソ連作曲家同盟」に一元化された。ロシア・アヴァンギャルドは息の根を止められ、政治による芸術支配の時代が本格的に到来する。

この中で提出されるのが、悪名高い「社会主義リアリズム」の理念である。

一九三四年の第一回全ソ作家大会において採択された規約において「芸術をその革命的発展の中で描くこと」が謳われ、すなわち芸術家は勤労大衆の健全な発展、ひいては国家の発展に尽くさなければならないことが確認された。他方、前衛的な試みは「芸術のための芸術」にすぎず、虚ろで装飾的な外観に興じる悪しき「形式主義」に毒されているとして、以後、厳しく批判されることになる。

この三四年あたりを境にして、ソ連音楽と新古典主義は、様式的な共振を示すことになった。ただし、当然ながら西ヨーロッパの新古典主義を輪郭づけるモダンな歴史意識やアイロニーは、ソ連ではほとんどみられない。

たとえば革命当初には先進的な「現代音楽協会」（ASM）に属していたニコライ・ミャスコフスキー（1881–1950）の残した二七曲の交響曲を順に聴いてゆくと、「第11番」（1932）や「第13番」（1933）では、シェーンベルクを思わせる不協和音や相当に晦渋（かいじゅう）な表現が試みられていることが分かる。ところがわずか四年後の「第18番」（1937）になると、まるでハイドンの交響曲のように晴朗なハ長調の和音で幕があき、ロシア的憂いをたたえた副主題が続く……といった具合なのだ。

「形式において民族的、内容において社会主義的」であろうとする社会主義リアリズムの理念は、こうして作曲家たちを縛ってゆくが、その「被害者」としてとりわけ有名なのがショスタコーヴィチである。

スターリン体制下におけるショスタコーヴィチ

ドミトリー・ショスタコーヴィチ（1906–75）は、十九歳で書いた「交響曲第1番」（1925）が世界的な評価を受けて、一躍、若き天才として知られるようになった作曲家である。

やがて彼は、ベルク「ヴォツェック」などをはじめとする同時代の潮流を学ぶなか、「交響曲第2番」（1927）では、ウルトラ・ポリフォニーと呼ばれる、オーケストラの各楽器が異なった旋律線を重ね合わせる無調的な語法を採用。こうしたモダンな語法は、ゴーゴリ原作によるオペラ「鼻」(1929)で、早くも頂点に達する。いま聴いてみても、二十歳を越えたばかりの作曲家が、最新の音楽様式を個性的な色合いで消化している様子には、ただただ驚愕(きょうがく)してしまう。いわば、運動神経が抜群の作曲家なのだ(余談ながら、彼は大変なサッカー・マニアだった)。

そして、若きショスタコーヴィチが満を持して送り出したオペラが、「ムツェンスク郡のマクベス夫人」(1932)である。果たして、この作品は一九三四年の初演以降、レニングラードで八三回、モスクワで九四回という記録的な上演回数を記録し、さらにはイギリス、アメリカ、スイスといった諸外国でも大歓迎を受けることになった。

しかし、まさにこの頃、ソ連の状況は急速に変化しつつあった。

一九三六年一月、スターリンはこの人気オペラを初めて観劇したが、その二日後の共産党機関紙『プラウダ』には「音楽の代わりの支離滅裂」と題された、前代未聞といってよい酷評が掲載される。

ある意味で、『プラウダ』の批判は当然といえるかもしれない。

というのも、この作品は、農村において虐げられた女性カテリーナが舅(しゅうと)と夫を殺し、愛人と逃げるという陰惨な物語を(どぎついセックス・シーンもある)、先のウルトラ・ポリフォニーから軽音楽の引用までに至る、あらゆる手段を駆使して描いたオペラなのだ。結局、この作品はそのまま封印され、ソ連では三〇年近く陽の目を見ることはなかった。

続く三六年二月にもバレエ「明るい小川」が批判を浴びて、ショスタコーヴィチはいよいよ窮地に立たされる。近しい人々の中にも逮捕・粛清される事例が出はじめていたから、ことは穏やかではない。

かくして同年、ショスタコーヴィチは急遽、初演間近だった「交響曲第4番」（1936）を自ら撤回した（初演は二五年後）。決して無調的な響きではないにせよ、三つの楽章に雑多な要素をめいっぱい詰め込んだ音楽であることを危惧したのだろう。その代わりに彼は当局に恭順の意を表するために、苦悩から勝利へというベートーヴェン的なストーリーを持った「交響曲第5番」（1937）をわずか三か月で完成させた。響きの現代性という点では「第4番」と「第5番」に本質的な違いはないが、しかし前者に比べると、後者は旋律やリズムといった素材、およびその形式がはるかに明快であり、方向性のはっきりとした「分かりやすい」音楽になっている。

ドミトリー・ショスタコーヴィチ（1906–75）.

幸いなことに作曲者の狙い通り、この曲の初演は成功裏に終わり、名誉は無事に回復された。

その後もショスタコーヴィチは、第二次世界大戦中に大衆歌「人民委員への誓い」（1941）

や勇壮な「交響曲第7番」（1941）を書いて体制から評価されながらも、一九四八年には再び共産党中央委員会のジダーノフによる批判にさらされ、先鋭的な「ヴァイオリン協奏曲第1番」（1948）をお蔵入りさせている。このときも、彼はすかさずスターリンの植林政策を称えるオラトリオ「森の歌」（1949）を発表して、信頼を回復したのだった。

当時のソ連の音楽家はみな、多かれ少なかれ似たようなことを経験したはずだが、ショスタコーヴィチの場合には、そのずば抜けた才能が常に注目を集めていたから、国家との関係は複雑なものとならざるを得なかった。

彼の歩みをたどるとき、誰もがソ連の芸術政策に対して怒りに近い感情を覚えるはずだ。国家が芸術の想像力を制限するという愚かしさ。これは二十世紀の多くの全体主義国家に起こった（そして、国や地域によっては今でも起こり続けている）ことであり、克服されねばならないことには違いない。

社会主義リアリズムの果実？

一方で、ショスタコーヴィチが名誉回復を果たした「交響曲第5番」を、国家による鋳型をなぞっただけの価値の低い芸術といえるだろうか。

この曲は現在に至るまで、おそらくもっとも演奏回数の多いショスタコーヴィチの交響曲であり、イデオロギーの如何を問わず世界中で受け入れられてきた。そして、もしもこの曲にそれだけの魅力があるとするならば、一概に社会主義リアリズムを悪いとは言い切れないのではないか……こんな思いも筆者の頭にはよぎる。

現代音楽は、ごく少数の「分かる人」だけ相手にすればよいというシニシズムのもとに展開してきた。結果として、第一次世界大戦後になると聴き手と音楽の間は大きく開いてしまう。芸術が、一部のエリートの慰め(なぐさ)であることを越えて多くの人と関わろうとするとき、「社会主義リアリズム」的な理念は——それをどういう名で呼ぶかはともかく——ひとつの必然としてあらわれるのではないか。

もちろん、亡命後のロストロポーヴィチのインタビュー（『ロシア・音楽・自由』）をはじめとするさまざまな証言から明らかなように、当時のソ連の芸術環境を肯定することはとてもできない。しかし同時に「社会主義リアリズム」という概念が、芸術をめぐるひとつの根本問題に触れていることも、また確かであるように思われるのだ。

新しい芸術は少数の人間を対象にしたゲットーに閉じこもっていてよいのか、それとも多くの人に受け入れられるような相貌を備えるべきなのか。いまでも現代音楽の創作は、こうした両極の中で激しく揺れ動いている。

もっとも、ショスタコーヴィチは、きわめて特殊な例なのだろう。というのも、おそらく彼の場合、これだけ苛酷(かこく)な状況にありながらも、自らのモダニズムの欲求と国家からの要請を、高度な知的諧謔の中で*ある程度*は融合させることができた。それは極度に技巧的で特異な新古典主義の一形態といい得るかもしれない。

他の作曲家はどうだったか。たとえばプロコフィエフの場合、最後まで自らの音楽と体制との齟齬を埋めきれなかったように見える。

セルゲイ・プロコフィエフ（1891-1953）は、最初期には数々のピアノ作品や「ピアノ協奏曲第2番」（1913）をはじめとする先鋭的な作品を発表したのち、革命後にはアメリカ、さらにはパリでピアニスト・作曲家として活動する。しかし、徐々に国外での活動に満足感が得られなくなり、一九三六年に完全にソ連帰国を果たした。こうして彼の身にも「社会主義リアリズム」が降りかかってくる。

さっそく彼は、レーニンらのテキストを用いた壮大な「十月革命二十周年カンタータ」（1937）を書き上げ（ただし、生前は初演されず）、セルゲイ・エイゼンシュテイン監督の映画「アレクサンドル・ネフスキー」（1938）では、映像の形と音楽の形をシンクロナイズさせる（たとえば右上に延びる山を捉えた映像に、上行音階を配置するなど）といった実験的な共同作業にも従事した。

しかし、総じていえば帰国後の多くの作品は、持ち前のスピード感や鋭い不協和音が後退し、生気を欠いたものとなっている（オペラ・ブッファ「修道院での婚約」〔1940〕などの例外はあるにせよ）。ジダーノフ批判のあとにコルホーズ礼賛の目的で書かれた「冬のかがり火」（1950）などになると、もはや抜け殻（がら）といった印象さえ感じられるのだ。

映画「アレクサンドル・ネフスキー」における映像と音楽の関係表. セルゲイ・M・エイゼンシュテイン『エイゼンシュテイン全集7』エイゼンシュテイン全集刊行委員会訳, キネマ旬報社, 1981年より.

一方で、ハチャトゥリアンやカバレフスキーは、むしろソ連という枠組みの中でこそ能力を発揮した作曲家といえよう。

アラム・ハチャトゥリアン（1903–78）の作風は、「ピアノ協奏曲」（1937）やバレエ「ガヤネー」（1942）など民族色の濃い作品群にみられるように、前衛とは無縁ながらもきわめて個性的なものだ。四八年には、彼もジダーノフによる批判を受けることになったが、しかしのちの論文「創造における大胆さとインスピレーションについて」の中で、党の方針を認めながらも、国の機関が「絶対に誤りのない「評価者」の役割」を引き受けてはならない、と決然とした反論をくわえている。彼の場合、むしろ自らが社会主義リアリズムの王道なのだという強い自信があった。

ドミトリー・カバレフスキー（1904–87）は、代表作「道化師」（1939）などに見られるように、生涯にわたって曇りのない調性音楽を書いた。天性といってよい旋律の才に恵まれた作曲家だが、もしも彼がドイツやフランスで活動していたら、とても「現代作曲家」としては認められなかったはずだ。

そしてもうひとり、作品が注目されることは少ないものの、きわめて重要な作曲家が、ティホン・フレンニコフ（1913–2007）である。

彼は一九四八年から作曲家同盟の書記長、すなわち音楽界の最高権力者となり、なんとソ連崩壊まで四〇年以上にわたってその地位に留まった。現在、ほとんどの音楽史書において彼は

「悪玉」として登場する。その政治力によって他の作曲家を巧みに抑圧しながら、自らはスターリン賞や人民芸術家などの栄誉をものにして（しかし国際的にはまったく評価されず）、さらには旧東欧の国々に「社会主義リアリズム」を押し付けた……。

フレンニコフがソ連の体制ともっとも密着した人物であることは間違いない。とすれば、誰よりも彼こそが、この国家と相似形を成した音楽を書いたともいえるはずだ。

ティホン・フレンニコフ（1913–2007）.

作品1の「ピアノ協奏曲第1番」（1933）は、二十歳の若手による潑剌とした音楽である。角ばったリズムの中にときおり抒情が顔を覗かせる様子は、十分に魅力的だ。音楽院の卒業作品「交響曲第1番」（1935）では、音楽はショスタコーヴィチ的な屈折をみせようともがくが、本家に比べると密度が足りない。そして大戦中の「交響曲第2番」（1944）では、チャイコフスキー的な民俗性と明快な形式をあわせ持った、見事な「社会主義リアリズム音楽」が完成（その意味で、この曲はちょっとした聴きものだ）。さらに戦後、ロストロポーヴィチのために書いた「チェロ協奏曲第1番」（1964）になると、薄いテクスチュアの中で穏やかな楽想が移行する、何ら棘のない音楽に到達する。こうしてみると、彼の軌跡は、芸術と社会を考える上での興味深いモデルを提供してくれるようにも思われるのである。

ナチスと頽廃音楽

スターリニズムによる粛清の嵐が吹き荒れている頃、ドイツではヴァイマール体制があっけなく幕を閉じた。

第一次世界大戦後に生じた巨額の賠償金は、アメリカからの援助（ドーズ案）が世界恐慌でストップしてしまうと、もはやどうにも返済不可能な様相を呈するようになり、未曾有のインフレーションが到来する中で、人々はアドルフ・ヒトラーとナチス（国家社会主義ドイツ労働者党）に救世主の像を見たのだった。

ヒトラーは、この新体制を中世の神聖ローマ帝国、普仏戦争後に成立したドイツ帝国を継承する「第三帝国」と呼んだが、まさに遠い中世への憧憬と、敗戦という近過去への怨恨の狭間で、この帝国は成立したといえよう。

一九三三年一月、首相に就任したヒトラーは、三月には「全権委任法」を成立させて独裁体制を確立。その翌月から、早くもユダヤ人の公職追放がはじまる。指揮のローゼンシュトックやクレンペラー、そしてピアノのシュナーベルらは、ユダヤ系であるという理由だけで歌劇場や音楽院から解雇され、いずれも国外に逃れた（このうちローゼンシュトックは日本に渡り、我が国の楽壇の発展に寄与することになる）。

作曲家も同様である。人気オペラ作家フランツ・シュレーカー（1878-1934）は父がユダヤ人であったために、ベルリン高等音楽院から解任され、翌年、失意のうちに死去。一方、やはり音楽院を解雇されたシェーンベルクは、三三年五月にはアメリカへと亡命した。ユダヤ人家庭に生まれた彼は、ドイツ・オーストリア社会に同化するために、二十四歳の時にプロテスタントに改宗しているのだが、亡命に際して、経由地のパリでユダヤ教に再改宗を果たすことになる。

三三年九月には、宣伝相ヨゼフ・ゲッベルスのもと、文化・芸術などの統制を行なう帝国文化院が設立され、その七部門のひとつとして帝国音楽院が据えられた。先に見たソ連の場合、三二年にすべての音楽組織が統合されていたが、ちょうどその翌年にドイツでも一元化が完成したわけだ。

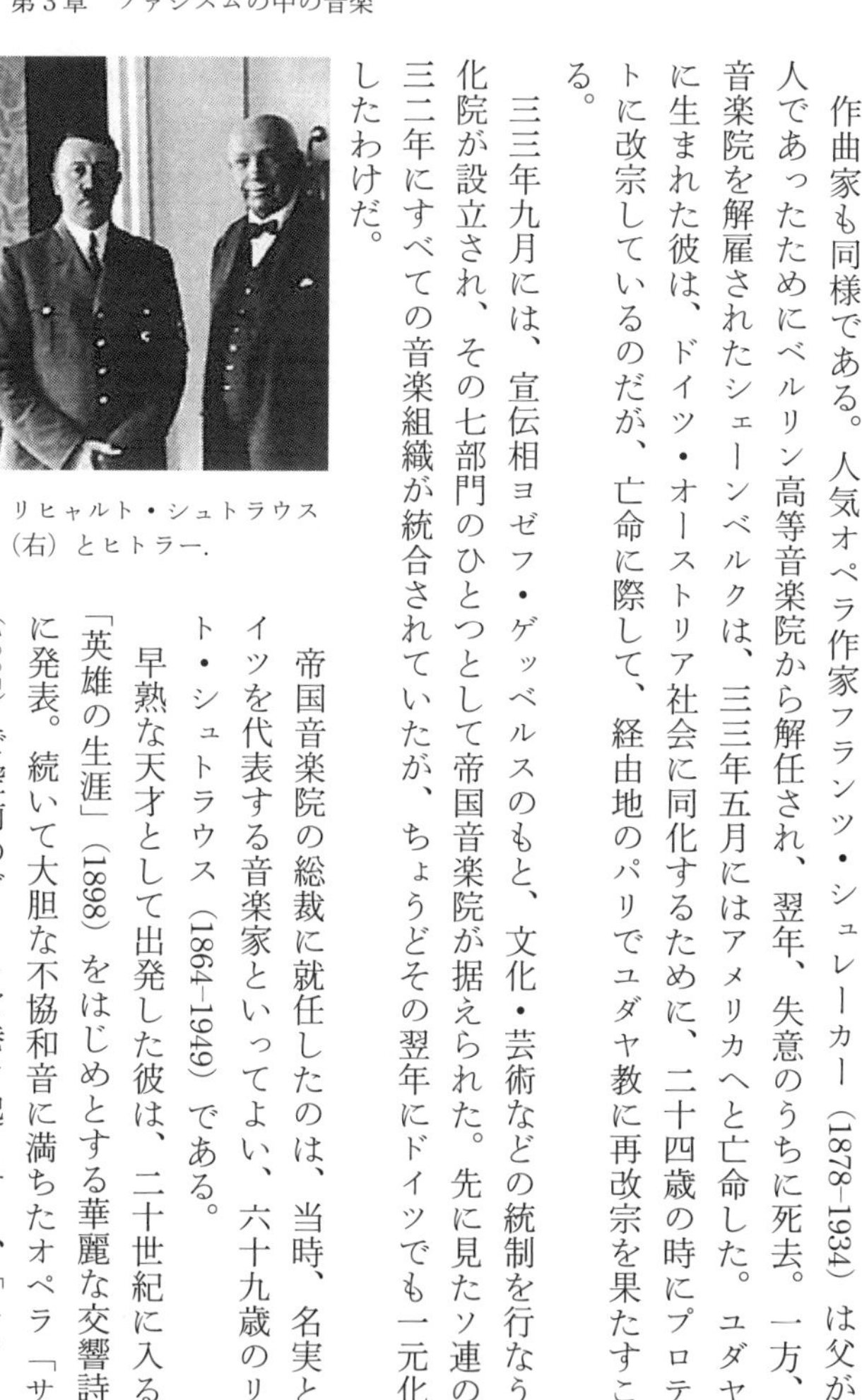

リヒャルト・シュトラウス（右）とヒトラー．

帝国音楽院の総裁に就任したのは、当時、名実ともにドイツを代表する音楽家といってよい、六十九歳のリヒャルト・シュトラウス（1864-1949）である。

早熟な天才として出発した彼は、二十世紀に入るまでに「英雄の生涯」（1898）をはじめとする華麗な交響詩を次々に発表。続いて大胆な不協和音に満ちたオペラ「サロメ」（1905）で空前のブームを巻き起こすと、「エレクトラ」

ヒトラーと握手をするフルトヴェングラー．写真：Lebrecht／アフロ．

(1908) では無調の瀬戸際にまで迫ってみせた。この二つのオペラが、古代を舞台にした表現主義的な題材を持っている点は重要だ。すなわちシュトラウスは、グロテスクな物語にフィットする音楽を書くために、当時最先端の語法を採用したわけである。

ゆえに宮廷を舞台にした恋愛模様を描いた次作「バラの騎士」(1910) で、彼がふたたび後期ロマン派の壮麗な音響を展開するのは、驚くに当たらない。これは「後退」というよりは、題材に合わせていかようにも書ける作曲家ならではの自然な処置と考えるべきだろう。彼は指揮者としてもドイツを代表する人物だったから、ナチスが目を付けたのは当然だった。

副総裁にはベルリン・フィルの常任指揮者であったヴィルヘルム・フルトヴェングラー(1886–1954) が就任。彼らはいずれも、当初はナチスの政策に少なからぬ期待をもって役を引き受けたようだが、体制との間にさまざまな軋轢(あつれき)を生じた末に、やがてこの職を辞することになる。

三五年には「ニュルンベルク法」が成立。ユダヤ人の公民権は完全に奪われるとともに、祖父母の代からの家系調査が行われて「四分の三ユダヤ人」「半ユダヤ人」などの認定が下り、それに応じて職が制限された。この頃になると、ユダヤ系作曲家であるメンデルスゾーンやマーラーの作品はほとんど演奏されなくなり、ヨアヒムやクライスラーといったユダヤ系ヴァイオリニストによるカデンツァ（奏者の創意による独奏部分）さえも禁止された。もっとも、ヴァイオリニスト、ゲオルク・クーレンカンプはまさにこの三五年にメンデルスゾーンの協奏曲を録音しているから、その適用にも濃淡があったのだろう。

さらにナチスは、体制の意に染まない作品を「頽廃芸術」と名付け、弾圧するようになる。表現の規制は美術、音楽、映画、文学などあらゆるジャンルに及んだ。一九三七年の「頽廃美術展」では、ノルデやキルヒナーを筆頭にして、カンディンスキー、シャガール、クレー、エルンスト、ディクスにいたる錚々たる画家の作品が、悪しき例として「展示」されている。わざわざ展覧会を開く律儀さが、一種のブラックユーモアを醸し出してもいよう。

翌三八年には、音楽の分野でも「頽廃音楽展」が開かれ、シェーンベルク、ヒンデミット、ストラヴィンスキー、クルシェネクらの楽譜や写真、著書などが展示されるとともに、彼らの音楽を聴くためのジュークボックスが設置された。

では、ナチスが「頽廃音楽」のレッテルを貼り、禁じた音楽とはどういうものだったのか。ナチス側にも明確な基準があるわけではなかったものの、おおむね以下のようなものが排斥されたと考えてよい。

・ユダヤ人による（あるいはユダヤ的題材の）作品
・共産主義者による作品
・不道徳な、堕落した、あるいは無調などによる現代的な作品

ソ連の場合とは異なり、ナチス政権下においては何よりも最初の二つの条件——ユダヤ人と共産主義者——を満たさないことが肝要であり、音楽様式の問題はむしろ付随的ともいえる。なにが「不道徳」なのかという基準は曖昧なのだから、本人の属性を示す前二項とは適用の度合いが異なるのも当然であろう。しかし、少なくとも理念としては、三番目の条件は前の二つに劣らず重要だった。

ソ連の社会主義リアリズムの場合と同じく、ナチスが推し進めようとしたのは「健全な」芸術である。性的だったり不道徳的であったりする作品は頽廃的とみなされるし、ジャズや無調のような「堕落した」音楽要素の混入も好ましくない。ここには健康な不健康（あるいは不健康な健康？）といったパラドックスが見て取れよう。

無調音楽を代表するシェーンベルクはユダヤ人であったから、当然のように彼の音楽は「頽廃」と認定された。一方、ウェーベルンはオーストリア併合以降、むしろナチス賛美にまわっていたのだが、それでもシェーンベルクの弟子であること、そして師と同じく無調音楽を書い

ていることによって、この時期には不遇をかこつことになった。

また、前章で名を挙げたシュルホフの場合、ユダヤ人にして共産主義者、さらにはジャズや前衛音楽に関わるという、ナチスが敵対視したすべての要素を体現する存在になってしまった（彼はソ連への移住を望んでいたが、プラハで逮捕され、強制収容所で生涯を終えた）。

一方、ヒンデミットのケースは複雑だ。生粋(きっすい)のドイツ人である彼の場合、人種的にも思想的にも排斥される理由はないし、能力からいえば国を代表する作曲家として遇されてもおかしくなかった。

しかし、妻がユダヤ系であったこと、ユダヤ人演奏家たちと親しい関係を持っていたこと、そして旧作（オペラ「今日のニュース」1929）に一部エロティックな要素が含まれていたことなどから、次第に危険視されるようになる。

彼の二〇年代の作品は、猥雑(わいざつ)なヴァイマール文化の中で生み出されたものだったが、ジャズや社会主義、そしてエロスや前衛文化が雑多に花開いていたヴァイマール期は、ナチスにとっては忌まわしく汚らわしいものだった。おそらくヒンデミットはその象徴として映ったのだろう。

かくして一九三四年、ヒンデミットの新作オペラ「画家マチス」は事実上、初演が不可能になってしまう。この措置に反撥(はんぱつ)したフルトヴェングラーが声明を出して大きな騒動に発展するも、結局、彼はこのために音楽院副総裁の職を辞任。ヒンデミット自身も徐々に増える圧力に嫌気がさして、三八年にはスイスへ、そしてその後はアメリカへと渡ったのだった。

ナチス公認の作曲家たち

では、この時期に奨励された音楽はどのようなものだったろうか。当然ながらドイツ系の古典・ロマン派の音楽は盛んに演奏されたが、それらをはるかに越えてナチスが象徴に据えたのがリヒャルト・ワーグナーの音楽である。

ワーグナー自身が反ユダヤ的な文章を残していること(「音楽における反ユダヤ主義」)、北方ゲルマン神話を巨大な作品にしたてあげていること、楽劇「ニュルンベルクのマイスタージンガー」がドイツ主義を体現していることなどに加えて、何よりその音楽の持つ圧倒的な高揚と陶酔感が、ヒトラーにとってひとつの理想と映ったことは想像に難くない。

首相になるはるか以前から、ワーグナー作品の音楽祭が行われているバイロイトを訪れて遺族と親密な関係を結んでいたヒトラーは、政権を取るとバイロイトを聖地として神格化し、ナチスとの一体化を図ることになった。

同時代の作曲家でナチス公認となった人物の代表格としては、カール・オルフ(1895–1982)やヴェルナー・エック(1901–83)の名が挙げられよう。「教育音楽」の分野でも知られるオルフは、原始的なリズムを用いた「カルミナ・ブラーナ」(1937)がナチス時代の大ヒット作となったが、彼自身は政権と深くかかわることはなかった。

一方、エックはナチスに重用された作曲家である。最初のオペラ「魔法のヴァイオリン」(1935) は、ほとんどの部分で十九世紀的な様式が用いられるお伽噺（とぎばなし）オペラだが、ヒトラーがお気に入りだった「ペール・ギュント」(1938) では、随所でワーグナーに近づきつつ、しかし時にポピュラー風の旋律も交えたカラフルな響きが展開してゆく。なるほど折衷（せっちゅう）的ながらも魅力的な音楽ではあろう。

エックはナチ政権下のベルリン・オリンピックにおいて金メダルを得ているが（当時のオリ

ヴェルナー・エック (1901–83).

レニ・リーフェンシュタール「民族の祭典」(1938).

ンピックには芸術部門が存在した)、当初の彼は、あまりにも応募者が少ないので困った委員会に乞われて、仕方なく応募したのだと述懐していた。しかしのちの研究では、この時、優に百を超える応募があったことが明らかになっている。つまり、おそらくは「出来レース」だったわけだ。

また、シュレーカーの弟子ヘルベルト・ヴィント(1894-1965)は、ナチス公認の映画音楽家として大活躍した。レニ・リーフェンシュタール監督による「意志の勝利」(1935)、「民族の祭典」(1938)などにおいては、師譲りの華麗な管弦楽法と変幻自在の転調を駆使した壮麗な音楽を聴くことができる。

一方、ナチ党員として政治歌も作っていたフーゴー・ディストラー(1908-42)は、最終的には戦争の不安、そして信仰とナチズムの板挟みの中で自死に至った作曲家である。彼の「チェンバロ協奏曲」(1936)は、ドイツにおけるバロック音楽復興を考える上で重要な作品だが、擬古典的な形式の中に、凄(すご)みのある美しさと虚無的な内実を共に孕(はら)んだ不思議な音楽だ。

ファシスト党とイタリア・ナショナリズム

「ファシズム」は、今では全体主義を指す一般名詞になっているが、もともとはムッソリーニ率いるファシスト党のイデオロギーおよび政治体制を指す用語である。

イタリアにおいて、ファシスト党がクーデター(「ローマ進軍」)によって政権をとったのが一九二二年、そして独裁体制がほぼ完成するのは一九二八年頃であり、すなわちドイツよりも全体主義の成立は早い。ヒトラーの「第三帝国」と同じく、ムッソリーニも当時、「第三のローマ」を党のスローガンに掲げていた。「皇帝たちのローマ」「教皇たちのローマ」に続く「ファシストのローマ」というわけだ。

当初はユダヤ人排斥などの政策をとっていなかったこと（ただし三八年に人種法を制定してナチスの後を追った）、そして芸術に対する過剰な制限はなかったことから、この体制下において、多くの音楽家はドイツよりも緩やかなかたちで政権と関係を持つことになる。

ベニート・ムッソリーニ（1883–1945）．

たとえばピエトロ・マスカーニ（1863–1945）は、国家公認の音楽家として、さまざまな儀式で指揮を執るとともに、古代ローマを題材にしたオペラ「ネローネ」（1934）をムッソリーニへの忠誠心の証（あかし）として提出した。先入観のせいもあろうが、いまこの曲を聴いてみると、なんとも硬直した響きであり、代表作「カヴァレリア・ルスティカーナ」のようなみずみずしさは見いだせない。

指揮者アルトゥーロ・トスカニーニ（1867–1957）の軌跡も興味深い。ナチスがバイロイトを聖地にしたように、ムッソリ

トスカニーニ（左）とホロヴィッツ.

ーニはミラノ・スカラ座をイタリアの象徴と考えていたが、当時そこに君臨していたのがトスカニーニである。当初は良好といってよかった両者の関係は、しかしプッチーニの遺作「トゥーランドット」世界初演の際、ファシスト党歌「青春」の演奏をトスカニーニが拒否したことで悪化する。

さらには三一年、やはりこの事実上の国歌の演奏を拒否したことで党員から暴行を受けるに至って、トスカニーニは国外に活動の場を移し、「反ファシズム」を訴えながら、戦後までイタリアでは演奏を行なわなかった。

二〇年代のイタリア美術においては、古代ローマからルネサンスにかけての偉大な伝統の復興を謳った「ノヴェチェント（一九〇〇年代）」運動が興っているが、音楽の分野でこれと並行関係を見せるのが、その生年から「八〇年世代」と呼ばれるレスピーギ、マリピエロ、カゼッラらの仕事である。

オットリーノ・レスピーギ（1879-1936）は、「ローマの噴水」「ローマの松」「ローマの祭り」（1916/24/28）の三部作で古代の栄光を華麗なオーケストレーションで描き出し、体制から大いに気に入られることになる。ただし、彼はトスカニーニと同様にやがて政権から距離を置き、党と直接関係のある作品を残すことはなかった。

一方、青年期をパリで過ごしたアルフレード・カゼッラ（1883–1947）は、初期にはシェーンベルクの影響下で「九つの小品」（1914）を書き、中期には「スカルラッティアーナ」（1926）で典型的な新古典主義に到達したが、その後はファシズムに傾倒して、エチオピア併合を称えたオペラ「征服された砂漠」（1937）をムッソリーニに献呈している。印象主義から新古典主義まで幅広い作風をたどったジャン・フランチェスコ・マリピエロ（1882–1973）も、オペラ「ジュリオ・チェーザレ」（1935）をムッソリーニに捧げた。

彼らの作品もまた、全体主義下における新古典主義のひとつのヴァリエーションといえるだろう。さらに忘れてはならないのは「八〇年世代」がいずれもイタリア・バロック音楽の復興にかかわっていることである。とりわけマリピエロに顕著であるが、彼らはいずれもモンテヴェルディやヴィヴァルディの楽譜の校訂を行ない、その復興に尽力した。ファシスト政権下におけるこれらの作業は、否応なくナショナリズムの色彩を帯びたのだった。

ヴィシー政権と「抵抗」の音楽

一九三〇年代のフランスに目を転じると、ドイツやイタリアと同じように右派が擡頭（たいとう）してはいるものの、三六年には「反ファシズム」を掲げる人民戦線内閣が成立するなど、左右の対立が激化した不安定な様相を呈していることが分かる。

この中で「六人組」の作曲家たちは、プーランク「六重奏曲」（1932）、オネゲル「火刑台上のジャンヌ・ダルク」(1935)、ミヨー「スカラムーシュ」(1937)など充実した中期作品を発表してゆくが、ほどなくして勃発した第二次世界大戦は、国のかたちを大きく変えてしまった。

三九年九月にポーランドに侵攻したドイツは、早くも翌年六月にはパリへと入城。結果、パリを含む北部はドイツの占領地域となり、南部には八十四歳のペタン将軍を国家主席に据えた、親独の「ヴィシー政権」が発足する。

ナチスのユダヤ人政策は、基本的にはそのままフランスへと受け継がれることになり、たとえば一九四二年に起きた「ヴェル・ディヴ事件」では、一万三千人のユダヤ人が収容所に送られた(一九九五年、ジャック・シラクは「啓蒙と人権が生まれた場所であり、受け入れと避難の地であったはずのフランスは、あの日、取り返しのつかないことをしました」と、大統領として初めて、フランスが主体的にユダヤ人迫害を行なったことを認め、謝罪した。逆にいえば、それだけ長い間、この事件はタブーだったわけだ)。

ヴィシー政権期になっても、オペラ座をはじめとする劇場は稼働しており、フランス人作曲家による作品は積極的に演奏会で取り上げられている。ナチス側としては、占領下においても旺盛(おうせい)な文化活動が行われていることを世界に示す必要があった。

この一方で、ドイツ音楽界との連携も着々と図られている。フランス人ピアニスト、アルフレッド・コルトーはヴィシー政権の音楽顧問として積極的にナチスに協力し、オネゲル、フランセ、フロラン・シュミットらは、パリに置かれた「ドイツ協会」の後押しでドイツを訪問した。また、四一年にはナチ党員であったカラヤンがオペラ座で「トリスタンとイゾルデ」を振っている。

こうした状況下において、ロンドンに亡命してレジスタンス運動の指揮をとっていたド・ゴールを支持した音楽家たちもいた。

音響技師・作曲家ピエール・シェフェール（1910–95）を中心にして一九四〇年に結成された芸術協会「若きフランス」は、その筆頭に挙げられよう。これはヴィシー政権におけるフランス文化の再生を掲げて始まったものだが、しかしコルトーを議長にしていることからも分かるように、もともとはドイツの望む形で文化啓蒙を行なうために設立されたものだった。

ピエール・シェフェール（1910–95）.

さまざまな文化事業を展開する中で、しかし、シェフェールは徐々にこの組織をレジスタンス運動の拠点へと変化させてゆく。結果として「若きフランス」は四二年には強制的に解散させられるが、シェフェールは間髪を入れず「ステュディオ・デセー」と名付けられた、新しい音楽のためのスタジオをフランス国営放送（RTF）の中に設立して、ポール・エリュアールやルイ・アラゴンといった反ヴィシーの文学者たちと協力しながら運動を継続する。彼らは、亡命政権をこのスタジオから支援したのだった。

また、占領下の抵抗という文脈で語られる曲としては、捕虜収容所の中で初演された、オリヴィエ・メシアン（1908–92）の「時の終わりのための四重奏曲」（1941）がある。メシアンは、デビュー当初から明確に新古典主義に反旗を翻していた作曲家だが（新古典主義について「全面的に間違っており」「ばからしい」と述べている）、四〇年にドイツ軍が侵攻してくると国境に近いヴェルダンで捕らえられ、七か月間、捕虜として収監された。

極寒の洗面所で書き継がれた「四重奏曲」は、たまたま収容所にいた音楽家たちに合わせた奇妙な編成（クラリネット、ヴァイオリン、チェロ、ピアノ）を持ち、貧弱な楽器で初演が行われたものの（「チェロは三本しか弦がなかった」）、豪雪の中で五千人ほどの捕虜たちが静かに耳を傾けた……。作曲者自身によって語られた初演譚は、これまでこの曲に特別なオーラを与えてきた。しかし近年のイヴ・バルメールらによる研究は、既に捕虜になった時点で曲の半分近くは完成しており、初演はきちんとした楽器を使って二百〜三百名程度の聴衆の前でなされ、さらには収容所内の作曲環境や音楽環境がきわめて良好だったことを明らかにしている。

もちろんこのことで曲の価値が減じるわけではないが、戦争のような社会的変動の中では、音楽にさまざまな物語が付随しやすいことを示すエピソードだろう。

特異点としてのアメリカ——ニューディール政策と亡命作曲家たち

社会学者シヴェルブシュは著書『三つの新体制』の中で、ナチズム、ファシズムに並んで、一九三〇年代のアメリカを「全体主義」の例として挙げている。

たしかに「暗黒の木曜日」(1929)に始まった大恐慌からの立て直しを図る「ニューディール政策」は、連邦政府が強力な権限を発揮して諸産業を管理する点において、アメリカ史においては異例の政策だった。

我々にとって重要なのは、この政策が、音楽界にも大きな影響を及ぼしたことである。ニューディールの一環として、一九三五年、政府は大規模な芸術救済計画を実施する。

この一部である「連邦音楽プロジェクト」は、音楽家たちの雇用促進と知的な聴衆の育成を謳い、ピーク時の一九三八年には、全米各地で年間五万回を超える演奏会を催した。また、同じく三五年には「作曲家フォーラム」と名付けられた現代音楽シリーズも全米各地でスタートしており、すなわち大不況から脱する過程で、アメリカの作曲家たちは意外に豊かな状況に置かれていたといってよいだろう。

テニスに興じるアメリカ時代のシェーンベルク.

こうした中で目立つのは、「交響曲」をはじめとする新古典主義的な大作である。代表的な作品を二つ挙げてみたい。

レスピーギに学んだハワード・ハンソン(1896–1981)の「交響曲第2番」(1930)は、北欧風の澄んだ響きを持った作品だが、「ロマンティック」という副題通りの抒情性と豊麗なオーケストレーションは、その後の映画音楽に大きな影響を与えた（映画研究家のフレッド・カーリンは、ジョン・ウィリアムスによる「E.T.」の音楽はこの曲をモデルにしたのだろうと述べている）。

一方、パリでブーランジェに学び、生涯で一三の交響曲を残したロイ・ハリス（1898–1979）の「交響曲第3番」（1938）は二〇分に満たない単一楽章作品。いわゆる「アメリカ的」な陽気さとは対極の悲劇的で重厚な響きが続くが、その入念なモティーフ操作や対位法の書法には作曲家の技量がよくあらわれていよう。

また、三〇年代のアメリカは、ナチズムや大戦の混乱から逃れたヨーロッパの音楽家が次々に亡命してくる避難場所でもあった。

ナチが政権をとった一九三三年に米国へと渡ったシェーンベルクを皮切りにして、三五年にヴァイル、三八年にはコルンゴルト、アイスラー、ヴォルペ、ツェムリンスキー、三九年にはストラヴィンスキー、そして四〇年にバルトークやヒンデミットといった具合に、著名な作曲家の亡命が続く。また演奏家に関しても、クレンペラー、トスカニーニ、ワルターらがアメリカに活動の場を得ることになった。

このうちシェーンベルクとストラヴィンスキーは、いずれもハリウッド近郊に居を構え、後期の作品に取り組んでいる。面白いことにこの大物ふたりは、映画産業の中心地に暮らしながらも、いずれも映画に関わっていない。シェーンベルクはパール・バック『大地』を原作にした映画の音楽を書くことを承諾したものの、すぐにプロデューサーと決裂。もっとも、劇的な構成を持つ「ワルシャワの生き残り」（1947）に、当時のハリウッド映画との関連を指摘する学者もいる。ストラヴィンスキーは「春の祭典」がディズニーの「ファンタジア」（1940）で使われたものの、やはりオリジナルの音楽を書くには至らなかった。

一方、映画界で華々しい活躍を遂げたのが、エーリヒ・コルンゴルト（1897–1957）である。ユダヤ人としてオーストリアに生まれ、早くから神童として知られた彼は、甘い旋律が精緻な和声書法の上で展開するオペラ「死の都」（1920）で、一躍、人気作曲家の座を得た。その後、オーストリアがドイツに併合されるとアメリカへ亡命。生涯で二度のアカデミー音楽賞に輝くなど、映画音楽史に名を残す存在となった（ちなみに四二年の「キングズ・ロウ」のテーマ音楽は、「スター・ウォーズ」のひな形といえようか）。コルンゴルトは、戦後になってからヨーロッパ音楽界への復帰を目指したが、しかしアメリカの「映画音楽作家」とみなされた彼の音楽は、もはや評価されることがなかった。

もう一人、ベラ・バルトーク（1881–1945）についても触れておかねばならない。オーストリア帝国下のハンガリーに生まれた彼は、表現主義的なオペラ「青髭（あおひげ）公の城」（1911）で物議を醸した後、中期には民俗音楽とモダンな技術を融合させた「弦楽四重奏曲第4番」（1928）や「弦楽器、打楽器とチェレスタのための音楽」（1937）を発表。これらは、他の誰とも似ていない、真にオリジナルな成果として音楽史に記憶されるべきものだろう。

彼は四〇年にアメリカへと亡命するが、慣れない土地で作曲家としての活動は沈滞し、ようやく第二次世界大戦中に「管弦楽のための協奏曲」（1943）を発表する。アメリカという環境を意識してか、中期作品に比べてエンターテインメント的な要素を多く含んだこの作品は大成功をおさめたが、彼自身はほどなくして、白血病のためにニューヨークでこの世を去ることになったのだった。

一九三〇年代の日本の豊穣と「皇紀二千六百年式典」

日本では、一九二六年の末に昭和が幕を開けた。明治・大正期においては、本格的な管弦楽曲を作曲することは山田耕筰（1886–1965）をはじめとする少数の音楽家にのみ可能であったが、しかし昭和期に入ると、少なからぬ作曲家たちが本場ヨーロッパで自作を発表するようになる。

すでに一九二〇年代からベルリン・フィルに客演していた指揮者近衛秀麿（1898–1973）は、三三年に自らの編曲による「越天楽」を同団と演奏しているし、ヒンデミットに学んだ貴志康一（1909–37）は三四年にやはりベルリン・フィルを振って自作「日本スケッチ」（1934）を初演。ナディア・ブーランジェに学んだ大澤壽人（1906–53）はパリで「ピアノ協奏曲第2番」（1935）を発表し、さらにはウィーンに学んだ尾高尚忠（1911–51）は「日本組曲」（管弦楽版、1938）をブダペストで初演した。

これらの作品からは、彼らがクラシック音楽の基礎を高いレベルで身につけていること、その上で当時のモダンを旺盛に吸収していることがはっきりとうかがえる。

また、もはやヨーロッパで学ばなくとも、橋本國彦（1904–49）の「天女と漁夫」（1933）や深井史郎（1907–59）の「パロディ的な4楽章」（1936）を聴けば、すでに国内でも高い水準の勉強が可能だったことが分かる（橋本はこの後ヨーロッパとアメリカに留学し、ヴェレスやシェーンベルクに学んだ）。

奉祝楽曲発表演奏会の様子.『朝日歴史写真ライブラリー　戦争と庶民1940–1949　1』朝日新聞社，1995年より.

しかし満洲事変から日中全面戦争へという推移の中で、日本の創作もドイツやイタリアと同じように徐々に全体主義に飲み込まれてゆく。その象徴的な場となったのが一九四〇年の「皇紀二千六百年式典」である。

皇紀とは、神武天皇が即位したとされる年を起点とする、神話をもとにした紀年法だが、一九四〇年はその二千六百年にあたっており、さまざまな国家行事が行われた（同時に東京オリンピックも予定されていたが大戦勃発のために中止）。

音楽関係の催しの中でもっとも有名なのは、「奉祝楽曲発表演奏会」だろう。

ここでは、世界の一流作曲家――リヒャルト・シュトラウス（ドイツ）、ジャック・イベール（フランス）、シャーンドル・ヴェレシュ（ハンガリー）、イルデブランド・ピツェッティ（イタリア）――が日本のために書いた祝典曲が、十二月七日に歌舞伎座で世界初演された（イギリスからはベンジャミン・ブリテンの作品が送付されていたものの、諸事情によって演奏されず）。

また、同時にこの年には、国内の主要作曲家の多くが、何らかの形で日本の神話や歴史を題材にした作品を書いている。なかでも信時潔（1887–1965）の「海道東征」（1940）は、雅楽の要素による第1曲「高千穂」から、第8曲「天業恢弘」へと続く壮大な叙事詩的カンタータであり、同じ作曲家による「海ゆかば」（1937）と並んで、当時のナショナリズムを象徴する音楽といえよう。

山田耕筰の最初期の管弦楽曲（たとえば「序曲ニ長調」1912）がメンデルスゾーン風の響きであったことを考えると、わずかな期間で日本の作曲家はヨーロッパの同時代に近づいた。しかしその時にはじめて「なぜ日本人がヨーロッパ音楽を書くのか」という問いに突きあたる。ナショナリズムの時代にあっては、いったんその問いは中断されるが、しかし終戦時から現在にいたるまで、この難問はすべての邦人作曲家に降りかかることになるのである。

第4章　抵抗の手段としての数

一九三九年九月、ドイツによるポーランド侵攻を皮切りにして始まった第二次世界大戦は、世界中を次々に巻き込みながら拡大していった。しかし、四五年の四月にムッソリーニがパルチザンに射殺され、その二日後にはヒトラーが自殺。最終的には日本が無条件降伏に応じて、大戦は終結を迎える。

少なからぬ音楽家やその卵たちが戦闘の中で身体や精神に傷を負い、あるいは命を落とした結果、世代には大きな段差が生じた。たとえば一九二〇年代後半以降に生まれた人々は従軍を逃れているから、戦後になると、上の世代の抑圧が少ない中でのびのびと活動を展開することになる。

ファシズムの擡頭から戦争へと至る真空地帯の中で宙吊り（ちゅうづ）りにされていた音楽様式は、ここにきて猛然と変貌を始めた。それはほとんど「発作」ともいうべき性急な変化だったといってよいだろう。

この時代の作曲家たちが目指したのは、社会という土壌から切り離された、芸術のユートピアだったように思われる。貴族社会にも、大衆にも、もちろんファシズムとも一切関わらない、自律した美の世界を探求する音楽。この時に彼らが頼りにしたのは「数」という無色透明な道具だった。

零時からの出発

十九世紀以来、ヨーロッパ音楽界を牽引(けんいん)してきたドイツは、国土が灰燼(かいじん)に帰し、否応なく「零時」からの出発を強いられた。

ヨーロッパの多くの国がナチスの侵略を受けたことによって、さらにユダヤ人に対するホロコーストの実態が明らかになるにつれて、戦後のドイツは加害者としての責任を厳しく問われることになる。彼らに要請されたのは、社会のあらゆる面から、一二年間にわたるナチス時代の残滓(ざんし)を払拭(ふっしょく)することだった。

さまざまな分野の芸術家たちは、国家による制限から解き放たれた途端、今度は逆に、どうあってもナチス時代を否定し、そこから切断された作品を書くことを強いられるようになったわけである。

文学においては、アウシュヴィッツの収容所体験を持つドイツ系ユダヤ人の詩人パウル・ツェランが、「死のフーガ」において「明け方の黒いミルク／わたしたちはそれを晩に飲む／わたしたちは昼に朝に飲む／わたしたちは夜に飲む」といった呪術的な言葉の連なりによって、収容所の日常の中に置かれた理不尽な死を描き出した。

また、作家ギュンター・グラスは、代表作「ブリキの太鼓」（1959）において、三歳にして自ら成長を放棄した少年の冷めた視線を通して、戦前から戦後にかけてのドイツの小都市における日常を淡々と綴る。この小説は悲劇とも喜劇ともいえる不思議な色合いを湛えているのだが、まさにツェランにしてもグラスにしても、その最大の特徴はどこか感覚が麻痺したような語り口にある。それは情動を安易に表に出すことに対する禁忌から生じるものだろう。

ユダヤ系の哲学者テオドール・アドルノは論文「文化批判と社会」（1949）の終わり近くに「アウシュヴィッツ以後、詩を書くことは野蛮である」という有名な一節を置き、究極の悲惨と「芸術」が実は同根であることを指摘する。この時期、「芸術は素晴らしいものだ」といった牧歌的な前提は、もはや徹底的な再検討なしには成り立たなくなっていた。

美術において象徴的な催しとなったのが、現代美術展「ドクメンタ」である。一九五五年にカッセルで始まった第一回の会場には、かつての「頽廃芸術家」たちの写真が飾られていたというから、その意図は明らかだろう。

一方、ファシズムから解放されたイタリアの映像作家ロベルト・ロッセリーニは、「無防備都市」（1945）では、イタリアのパルチザン運動を主題にしたのち、「ドイツ零年」（1948）では、戦後まもないベルリンをそのままロケ地として用いている。冒頭近くに「これはドイツ国民への非難でも弁護でもない。事実の紹介である」というナレーションが置かれたこのフィルムは、戦後になってもいまだに点在するナチス的思考に、ひとりの少年が取り込まれてゆく悲劇を追うのだが、むしろ真の主役は、彼が歩き回る廃墟化したベルリンともいえよう。

ロッセリーニの映画はしばしば「ネオレアリズモ」の名で呼ばれるが、まさにここでも出来事をそのままゴロリと転がすような乾いた筆致こそが重要だった。

ロベルト・ロッセリーニ「ドイツ零年」(1948).

音楽の分野で起こったことも、基本的には同様である。ナチス時代と訣別し、そこから完全に切断された新しい音楽を見出すこと。

音楽におけるナチス的なるものとは、強烈な力で物語の中に人々を巻き込み、その渦の中に忘我的な陶酔を作り出す仕掛けといってよいだろう。ワーグナー作品はその典型だが、帝国音楽院総裁だったリヒャルト・シュトラウスの作品や、副総裁フルトヴェングラーの演奏も、それと似た性格を持っている。当然というべきか、バイロイト音楽祭は一九五一年の再開まで休止を余儀なくされ、フルトヴェングラーとシュトラウスは共にナチスに協力したかどで裁判にかけられて、一時期にせよ活動を停止せざるを得なかった。

戦後の作曲家たちに求められたのは、音楽がこうした陶酔から、きっぱりと身を遠ざけることだった。この重要な舞台となるのが、ドイツの小都市ダルムシュタットである。

十二音技法の再発見――解凍された頽廃音楽

一九四六年、アメリカの占領下にあったヘッセン州で「ダルムシュタット夏期新音楽講習会」が開幕した（同年、ドナウエッシンゲン音楽祭も再開）。ドイツ政府のみならず、アメリカが資金提供を行なっていることからも分かるように、この催しはナチス時代に停滞したドイツの現代音楽を「民主的」に再構築しようとするものであり、その意味で、先に触れた「ドクメンタ」と同じ性格を持っているといってよい。

一九四六年という年号が、冷戦期の始まりであることにも注意しておく必要がある。すなわちこの音楽祭は「非ナチ化」の舞台であるとともに、開始後ほどなくして「西側」における創作の自由を担保する場所としても機能することになるのである。

実際、一九四八年にはアメリカの作曲家エヴェレット・ヘルムがドイツに送り込まれて、ヘッセン州の演劇と音楽を統括する役職に就いている。すなわち音楽祭はアメリカとの緊密な関係の中で運営されており、ヘルムをはじめとする人々がアメリカ現代音楽に関する講演を行なうなど、アメリカ文化のプロパガンダを緩やかに進める役割をも担っていた。

講習会は、開始当初はおそるおそる地元の作曲家やフランスの作曲家を取り上げていたものの、やがてシェーンベルクの「十二音技法」が大きな関心を集めるようになる。シェーンベルクは既に二〇年代からこの技法を用いていたが、しかしユダヤ人であった彼の作品は、ナチスが擡頭してからは「頽廃芸術」として表舞台から姿を消してしまった。まさにこの技法は虐げられた音楽の象徴でもあったわけである。

では、十二音技法とはどのようなものだろうか。

オクターブは一二の半音からなるが、調性はその中における「音の偏り」によって生じる。ハ長調の楽曲であれば、ドレミファソラシという長音階をもとにして作られており、主音の「ド」よりも「ド♯」が多いことは、基本的にはない。つまり一二の音から、いくつかを重点的に選ぶことによって音の引力を生じさせるのが調というシステムの根幹だ。

十二音技法では、この「調システム」を解体するために、一二の音すべてを一度ずつ使った「原音列（セリー）」を作り、その原音列をもとにして曲を作ってゆく。ゆえに理念的には、一二の音は曲中にほぼ同じ数だけ分布することになる（実際には同音連打などによって多少のバラツキは生じる）。

もっとも、曲を通じてひとつの音列を使うといっても、それをどのようなオクターブで、どのような重ね方で、あるいはどのようなリズムで、そしてどのような音色で扱うかは作り手に委ねられているから、決して自動的に曲ができるわけではない。フーガ形式で無数の曲を書き得るのと同じように、十二音技法も多様な楽曲を生み出すことが可能だ。

唐突ながら、一七七八年八月十三日にモーツァルトの父レーオポルトが、パリにいる息子ヴォルフガングに宛てた有名な手紙がある。

> 細部と全体をうまく扱わねばいけません。糸（il filo）、これこそが小品であっても、巨匠を無能な存在から区別するものなのです。

シェーンベルクが欲していたのは、まさにこの「糸」だった。

すでに無調の曲は書いている。しかし、単に感覚で音を操るのではなく、和声や対位法のように何らかの「制約」をもとにしなければ創作と呼べないのではないか。ドイツ・オーストリア音楽の伝統に自らを位置づけるシェーンベルクにとって、無調を、ひとつの糸に貫かれたシステムへと成長させることは、どうしても必要だった。

無調へと足を踏み入れる際の彼が、必死に「外部」に頼ろうとした経緯についてはすでに触れたが、十二音技法についてもシェーンベルクは、あくまでも慎重に——ほとんど臆病といってもよいほどの手つきで——試行を始めている。

たとえば彼が最初に全面的にこの技法を用いた「ピアノ組曲　作品25」（1923）では、「プレリュード」「ガヴォット」「ミュゼット」「インテルメッツォ」「メヌエット」「ジーグ」といった具合に、六曲それぞれにバロック時代の形式が与えられている。結果として、音の高さこそ「シッチャカメッチャカ」ながらも、舞曲リズムがっちりと全体を包みこんでいるから、むしろ聴覚的には、以前の作品よりも保守的な印象さえ受けるのだ。

続く「管楽五重奏曲」(1924) も、ソナタ形式による冒頭楽章から始まって、スケルツォ、緩徐楽章、ロンドといった具合に、ほとんど古典派的な構成を取る。かつて無調に足を踏み入れる際に、彼は「詩」を支えにしたが、十二音技法の導入に際しては古典的なリズムや形式が、楽曲を支える拠りどころとなったわけだ。

一九二八年に書かれた「管弦楽のための変奏曲」になると、変奏曲という古典形式を保持しつつも、もはやぎこちない印象はまったく受けない。さまざまな音色の乱舞にくわえて、室内楽的な部分と管弦楽の対比など、聴いていて理屈抜きに面白いのである。

してみると、これらの作品は十二音技法という新しい技術で書かれていながらも、全体としては、同時代の「新古典主義」に近い性格をも有していることが理解されよう。

実際、バッハ「コラール前奏曲」の管弦楽編曲を皮切りにして、この時期のシェーンベルクは、バロック後期の作曲家モンの協奏曲、あるいはヘンデルの合奏協奏曲などを次々に編曲しているが、これらはストラヴィンスキーの「プルチネッラ」を思わせるものだ。

無調の時と同じように、この技法は、ほとんど時を移さずして弟子たちに受け継がれ、それぞれの個性によって可能性が押し広げられることになった。

ウェーベルンは、この技法を師よりもはるかに純粋かつ全面的に取り入れた作曲家である。たとえば「交響曲　作品21」（1928）や、サクソフォンを含むユニークな編成による「四重奏曲　作品」（1930）を聴けば、点描のように置かれた音が、しかしまろみを帯びて輝く独自のスタイルが早くも確立していることが分かる。当時のウェーベルンはゲーテによる、すべての植物の根底にある「原植物」という概念に強く惹かれていたという。ひとつの音列からさまざまな響きが生み出されるこの技法の原理を知った時、彼はその相同性に思いを馳せたに違いない。

もうひとりの愛弟子ベルクは、最晩年の「ヴァイオリン協奏曲」（1935）において、部分的には調性を感じさせる「ソーシ♭ーレ……」と始まる音列を用いて、十二音技法とは思えないような、きわめてロマンティックな抒情を展開した。

ほかにも、クルシェネクをはじめとして、ギリシャのニコス・スカルコッタス（1904-49）やイタリアのルイジ・ダラピッコラ（1904-75）などが早くから十二音技法を用いているが、しかしこの技術が広く一般に知られるのは戦後になってからといってよい。

ダルムシュタットでは、最初期からヘルマン・ハイスやヴォルフガング・フォルトナーらによって十二音技法が紹介されていたが、一九四八年に作曲家ルネ・レイボヴィッツが講演を行ない、自らの指揮でシェーンベルクの「ピアノ協奏曲」を紹介すると、若い作曲家たちの熱は一気に高まることになる。レイボヴィッツはこの時期、『シェーンベルクとその楽派』（1947）、

『十二音音楽入門』（1949）といった書物を矢継ぎ早に出版して、この技法の普及に努めていたのだった。

こうして、講習会に参加していた若い世代、すなわちブーレーズ、シュトックハウゼン、ノーノ、ベリオ、ヘンツェ、マデルナといった作曲家たちが軒並み十二音技法を用いはじめ、さらにレイボヴィッツの著書を読んだ日本の戸田邦雄（とだくにお）、入野義朗（いりのよしろう）、柴田南雄（しばたみなお）、諸井誠（もろいまこと）などもこの技法へと向かう。彼らはみな、「12」という数を通して、戦後の新しい音楽の肌触りを確かめようとしていた。

冷たい音楽とモダニズム――セリー音楽をめぐって

一九四七年に書かれたトーマス・マンの小説『ファウスト博士』には、十二音技法が登場する場面がある。マンはヒトラーが政権を取った直後に祖国ドイツを離れ、その後は徹底してナチス批判を展開した作家であるが、彼は同じ年に亡命を果たしたシェーンベルクを小説のモデルに据えたのだった。物語のなかほど、天才音楽家レーヴァーキューンは自分の新しい作曲原理についてこう述べる。

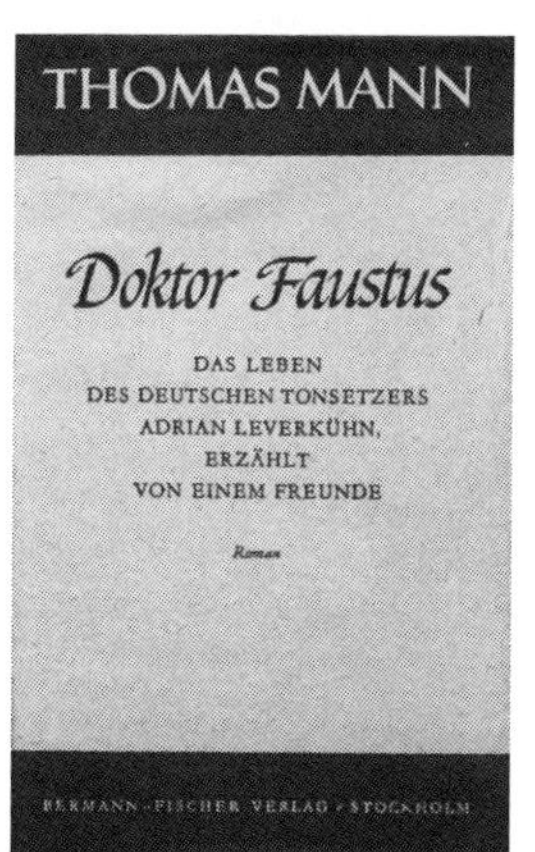

トーマス・マン『ファウスト博士』初版（1947）.

……十二の半音を一定に連結し、相互に関係づけた順列を作りださねばならない。作品、つまり個々の楽章あるいは多楽章作品全体は、厳密にその音列から導き出されるのでなければならない。(中略) どの音も、残りの十一の音がすべて現れる前に反復されてはならない。

一般の小説読者にはあまりイメージがわかないのでは……と少々心配になってしまうのだが、これはまさに十二音技法の説明に他ならない。マンはこの技法について、ベルクの作曲の弟子であり、同じくドイツからアメリカに亡命していた哲学者アドルノから詳しくレクチャーを受けていたのだった。

そのアドルノは同じ頃に著書『新音楽の哲学』(1949) の中で、十二音技法はあまりにも主知主義的なのではないか、という疑義・批判に対して強い口調で反論をくわえている。そもそも調も決して「自然」ではあり得ず、さらにこの技法の場合は「首尾一貫した論理を構築することが感覚的な響きの受動的知覚を犠牲にしてでも行われるということが、感覚的に音楽を楽しむだけのあり方に対して、その作品の格の高さを規定している」というのである。

格の高低はともかく、シェーンベルクが生み出した十二音技法は、まさに「首尾一貫した論理」によって、戦後の作曲家たちを惹きつけた。論理が「響きの受動的知覚」よりも優先されることこそ、彼らの求めるものだったといってよい。

やがて新世代の作曲家たちは、さらに徹底した数の操作を試行するようになる。音高（音の高さ）のみならず、音価（音の長さ）、強弱、そして時には音色までをもすべて数列で制御しようというのだ。

こうした、音高以外にも数列を適用するタイプの音楽は、一般に「セリー音楽」と呼ばれる。この種の作品においては、聴覚的にいえばランダムに音高や音価、強弱が散乱し、ほとんど「つかみどころ」のない音響が流れゆくことになる。

初期の創作例としては、ベルギーの作曲家カレル・フーイファールツ（1923–93）による「二台のピアノのためのソナタ」（1951）、そして同じく二台のピアノのために書かれた、ピエール・ブーレーズ（1925–2016）の「構造第1巻」（1952）などが挙げられよう。

このうち、ブーレーズ作品では一二種の音高、一二種の音価、一二種の強弱、一〇種のアタック（スタッカート、スラーなど）を厳格なルールで組み合わせることによって曲ができており、最初にルールを決定した後は、楽曲はほとんど自動的に生成される（ただし

1	7	3	10	12	9	2	11	6	4	8	5
7	11	10	12	9	8	1	6	5	3	2	4
3	10	1	7	11	6	4	12	9	2	5	8
10	12	7	11	6	5	3	9	8	1	4	2
12	9	11	6	5	4	10	8	2	7	3	1
9	8	6	5	4	3	12	2	1	11	10	7
2	1	4	3	10	12	8	7	11	5	9	6
11	6	12	9	8	2	7	5	4	10	1	3
6	5	9	8	2	1	11	4	3	12	7	10
4	3	2	1	7	11	5	10	12	8	6	9
8	2	5	4	3	10	9	1	7	6	12	11
5	4	8	2	1	7	6	3	10	9	11	12

ブーレーズが「構造第1巻」（1952）で作曲のために用いたチャートの一部.

それぞれの音のオクターブについては規則がない。実際に楽譜を調べてみると分かるのだが、ブーレーズは聴覚的な強調点がなるべく生じないような形で、オクターブを配置している)。

それにしても、読者は不審に感じるはずだ。なぜここまでして音高や音価を操作しなければいけないのか。全体を統一的なシステムで制御することに、何の意味があるのか。そして何より、なぜ響きそのものではなく、そこに至る手段にばかり焦点が当てられるのか。

それは、最広義での「手癖」を排除するためといってよいだろう。手癖というのは畢竟、習慣であり、文化であり、歴史であるわけだが、彼らは感情の対極に「数」を置き、可能な限り音楽から過去の痕跡を消そうと考えた。

音楽から感情を、好みを、体温を、可能な限りはぎ取る実験。そう考えてみると、この技法もまた、一種の悲愴な切実さをもって生み出されたことが分かる。戦後のこの時期、どうしてもいったん、彼らはここにたどり着かねばならなかった。

面白いことに、ゆえに若い作曲家たちがモデルにしたのは、シェーンベルクよりもウェーベルンの音楽だった。シェーンベルクの音楽には十九世紀ロマン派の残滓という「不純」な要素が紛れこんでいるのに対して、硬質で切り詰められたウェーベルンの音楽は、より純粋な出発点と判断されたわけである。

セリー音楽は、いわばシステムそのものを楽曲の内容として提示するが、結果として音楽は、鉱物の結晶のようにスタティックな光を放って散乱することになる。それは従来の音楽の「美しさ」とは異なるかもしれないが、一種の「機能美」と解釈することもできよう。実際、この聴体験はコンクリートとガラスでできた箱に代表される、モダニズム建築を眺めるときの気分とも、どこか似ている。

「形態は機能に従う」（ルイス・サリヴァン）という言葉に象徴されるように、モダニズム建築家たちは、極限まで機能を突き詰めた時、美は自然に生じると考えた。装飾や物語性を排し、個々の風土や環境を越えた普遍性・合理性を追求した彼らの姿勢は、セリー音楽とも共通するものだ。

モダニズム建築の代表として知られるル・コルビュジエ設計「サヴォワ邸」.

あるいはここで、批評家クレメント・グリーンバーグの「モダニズム」についての議論を想起することもできるだろう。戦後の絵画を対象にしながら、彼はこの概念を、「固有のメディウム（媒体）の特徴を純粋化する運動」と定義する。たとえば絵画からあらゆる要素をはぎ取っていった時に、最後に残るのは「平面」という性質であり、その平面性をあらわに示す抽象表現主義の画家たちこそが、モダニズムを担うと論じたわけだ。

とすれば、まさに機能によって形態が決定され、相互の音の関係性のみが裸で前面に露出するセリー音楽を、モダニズムの名で呼ぶことは十分に妥当だろう。

もっとも、セリー音楽はひとつの実験でもあるから、ブーレーズはその後二度と、これだけ徹底したメソッドを反復することはなかった。彼はのちの「ル・マルトー・サン・メートル」(1955)では、この技法を部分的に応用しながらも、そこにルネ・シャールの詩や金属打楽器の響き、そしてほのかなオリエンタリズムを接続することによって、より豊穣な響きを志向することになる。「構造第1巻」を経ることによって、彼はようやく安心して「美しい」音楽を書くことができたともいえるだろう。

ミルトン・バビット（1916–2011）.

同じ頃にアメリカでも、音楽の諸要素をコントロールする試みがなされている。戦前から独自に十二音技法を採用していたミルトン・バビット（1916–2011）は、論文「十二音システムにおける、セット構造の機能」を著して理論的な整備を試みたあと（この論文はその後、北米の音楽分析において大きな意味を持つことになる）、「ピアノのための三つの小品」（1947）という実験作を経て、一九四八年の「四つの楽器のためのコンポジション」と「一二楽器のためのコンポジション」で、音高だけでなく、音価や強弱をシステム化することになった。
年代を比べてみると分かるように、彼はヨーロッパの作曲家たちよりも一足早く、セリー音楽的な思考を開拓していたわけである。もっとも、ブーレーズ作品では長7度などの音程を中心にした硬い音がパキパキと鳴るのに対して、バビットの作品では、より抽象的で短い息遣いのフレーズがゆるやかに重なり合う。同じような発想でも、使い手によって結果が異なる例といえよう。

バビットの場合、その作品が演奏されることは少なく、影響力は限定的といってよい。しかしながら、ヨーロッパの作曲家たちがこの技法を用いなくなった後も、彼は晩年に至るまで（彼は二十一世紀まで生き延びた）、この考え方から離れることはなかった。

数の変容

数学史家エリ・マオールは、著書『数による音楽』（2018）の中で、「音楽はこの二千五百年あまり、数学者の重要なインスピレーションの源であり続けてきた。彼らは音楽の中に、没頭すべき未解決問題のための絶えることのない源泉を見出したのだ」と、数学という学問がいかに音楽に多くを負ってきたかを論じている。

戦後の作曲家たちによる数の操作は、時としてひどくナンセンスに見えもするが、しかし確かにマオールがいうように、ピュタゴラスの音律論以来、音楽と数学はきわめて密接なかかわり合いを持ってきた。文学や美術と「数」があまり馴染(なじ)まないことに比較しても、音楽という芸術と数の関係が親密であることは明らかだろう。

徹底した数の論理を推し進めた作曲家のひとりに、一九五〇年代後半からダルムシュタット

３群のオーケストラによる「グルッペン」演奏の様子（2009年８月，サントリーホール）．© 公益財団法人サントリー芸術財団.

で中心的な役割を果たすことになる、ドイツ人作曲家カールハインツ・シュトックハウゼン（1928–2007）がいる。彼は最初期から十二音技法やセリー音楽を手がける一方で、この原理をさらに洗練させようと試みた。

彼はまず、論文「いかに時は過ぎるか」（1956）において、それまで用いられていた音高と音価のセリーに疑義を呈する。音高の場合には「オクターブ」という、周波数にして倍の関係が対数的に一二等分されているのに対して、ブーレーズが使った音価のセリーは32分音符、16分音符、付点16分音符……という形で、単純に「32分音符」ひとつ分ずつ整数倍の比率で長さが増している。とすれば、双方は正確に対応していないのではないか。

シュトックハウゼンは、テンポを対数的に一二等分するなどの工夫で、これを乗り越えようとした。三群のオーケストラを用いた「グルッペン」(1957)では、こうしたテンポのセリーが採用されており、さまざまなリズムが錯綜する様子を聴くことができる。

また、アメリカのエリオット・カーター(1908–2012)は、パリでブーランジェに師事し、当初は新古典主義的な作風から出発した作曲家だが、戦後、セリー音楽とは異なる形で数を利用した作品群へと進んだ。

彼は「拍の転調」と呼ばれる、精緻なテンポの交替を頻繁に使うとともに、バビットが開拓した「ピッチクラスセット理論」(集合論によって音群を解析する方法)を駆使して、たとえば「三つの音によって構成され得るすべての和音」を用いるといった手続きを試みるようになる。こうして書かれた「チェンバロとピアノのための二重協奏曲」(1961)や「管弦楽のための協奏曲」(1969)は、感覚的に音を選ぶだけでは到達し得ない、きわめて複雑な響きを特徴としている。

デンマークのペア・ノアゴー(1932–)は、自身が「無限セリー」と呼ぶ手法を編み出した。これは、一定の手続きを繰り返しながら、どこまでも連なる音の鎖を生成するシステムであり、この場合、旋律は一種のフラクタル構造を成す。彼はやがてリズムや和声においても同様の操作を行なうようになるのだが、これらの集大成といえる「交響曲第3番」(1974)では、自然の植物を眺めるような、あるいは古代の呪術に触れるような奇妙な感覚を味わうことができる。

ここまで挙げたのはごく一例にすぎない。大戦後に作曲家たちによって試みられたさまざまな数の操作を列挙したら、それだけで大部の書物になってしまうだろう。これらは時として突飛にも感じられるものだが、しかし何度も強調するように、新しい音の世界を開くためにはどうしても必要なものだった。

Column ハウアーと十二音技法

ヨーゼフ・マティアス・ハウアー（1883-1959）は、もっとも早く十二音技法を用いたとされる作曲家である。

一九一二年、ハウアーは独自の十二音技法による「ノモス」を作曲し、翌年、シェーンベルクにその楽譜を送った（この曲はのちに「私的演奏協会」で取り上げられている）。その後一九二一年頃からシェーンベルクは十二音技法を試しはじめるが、この時ハウアーは、自分のアイディアを盗用されたと感じたらしい。かくして、どちらが元祖かという抗争が勃発する。

シェーンベルクは一九二三年五月の論文で「ハウアーによって有効だと述べられている法則は――それらは私が述べた原則に基づいているのですが――すべてが誤っています。（後略）」と、切って捨てるように述べる一方で、同年十二月のハウアー宛書簡では「……この技法が必ずしも私の独創ではなかったという意識は、ことによったら私のアイディアの発表を差し控えざるを得なくなるものでした」と書いているから、複雑な心境ではあったのだろう。

いずれにしてもその後、この技法はシェーンベルクの名とともに伝えられることになった。最晩年のハウアーは、失意の中で出版した『十二音遊戯』の序文で、自らの肩書を「十二音音楽の発見者」と記すことになる。

現代音楽の世界では、しばしば「誰が最初にそれを行なったか」が問われる。本来は「誰が良い曲を作ったか」こそが問題になるはずなのだが、二十世紀の「新しさ」への希求は、こうした傾向を生み出すことにもなったのだった。

プリペアド・ピアノをセッティングするジョン・ケージ.

「アート」としての音楽——ジョン・ケージ

セリー音楽の探求が行われていたのと同じ頃、大西洋を隔てたニューヨークでは、まったく異なるムーヴメントが興っていた。

ジョン・ケージ（1912–92）を中心とする「偶然性」「不確定性」の音楽である。

ロサンゼルス生まれのケージは、アドルフ・ヴァイスやシェーンベルク（亡命後に南カリフォルニア大学で教鞭(きょうべん)をとっていた）に師事した後、実験的な手法に傾倒するようになり、一九三九年には、「プリペアド・ピアノ」を考案。これはグランドピアノの弦の間にゴムやネジ、ボルトなどを挟んで音色を変化させるもので、弦のどのあたりに、どのような素材を挟むかで音色は相当に異なるが、おしなべていえばガムランのような音響が生じることになる。

ピアニストが、楽器の音色を自ら「作る」という面白さに加えて、どこの家にも転がっているネジやゴムといった日用品を使う点は重要だ。芸術と日常を、特別に隔たったものとしては捉えない、というケージの姿勢が、ここにはよくあらわれていよう。

戦後に入ると、彼は東洋思想から大きな影響を受け、個人の「表現」であるような音楽のあり方から脱しようと試みることになる。

表現や感情を捨ててしまったら、音楽など成立しないのではないか。そう考える人も多いはずだ。しかし人間の、時としてエゴイスティックな感情の「器」として曲を作るのではなく、ただ音そのものが鳴れば十分に音楽になり得る、というのがケージの思想の核心であり、その意味ではむしろロマンティックなまでに「音楽的」な姿勢ともいえよう。

こうして彼は、「易の音楽」（1951）へと進む。これは、三枚のコインをトスし、さまざまな音の要素が配置された8×8のチャート（中国の八卦(はっけ)に由来する）からひとつのマスを選び取ることによって作曲された作品である。すなわち、もとのチャートを作成したのちには、「偶然性」のみが音楽のゆくえを決めるわけだ。

「数」の性格こそ異なれ、この考え方がセリー音楽の思考に近いことは明らかだろう。そもそもコイントスを繰り返せば繰り返すほど、均一な分布が得られるわけだから、それは一二の音高や音価が均一に散らされたセリー音楽の考え方とほとんど表裏一体なのだ。

実際、セリー音楽を代表するブーレーズの「構造第1巻」と、ケージの「易の音楽」がほぼ同時期に発表されているのは偶然ではない。かつてのシェーンベルクとカンディンスキーのように、「偶然性」の作曲家と「セリー音楽」の作曲家は、この時期頻繁に書簡を交わしているのである。

一九五一年五月付の書簡でケージは、「易の音楽」では音高や音価を8×8のチャートを用いて決定したと書いているが、三か月後の返信でブーレーズは、自らが使っている12×12のチャートを示し「この図表で、私たちは数字を、その順序番号を持った音符自体として（中略）用いることができる」と述べる。まったく異なった個性を持つ二人は、やはりここで手を取りあいながらジャンプしたともいえよう。

「易の音楽」の翌年に発表されるのが、あまりにも有名な「4分33秒」（1952）である。ここでは舞台上の演奏者は何もしない（時折誤解されているが、これはピアノ曲ではなく、どのような楽器で「演奏」してもよい）。無音の演奏者を前にして、我々の耳は何かを聴きはじめ、やがて実際にはさまざまな音に囲まれていることを知るに至る。それは空調の音だったり、他の客席でごそごそと人が動く音だったりするだろう。

I

TACET

II

TACET

III

TACET

ケージ「4分33秒」の楽譜．3つの楽章にそれぞれ「Tacet（休止）」と書いてある．©1960 by Henmar Press, Inc. Sole selling agent C. F. Peters Corporation.

いわばフレーム、額縁だけがここでは提出されており、その額縁で何を見る（聴く）かは指示されていない。一種のコンセプチュアル・アートともいえようか。

同様に「ラジオ・ミュージック」（1956）では、易経によって得られた数のみが延々と楽譜の上に記されており、ラジオを持った演奏者たちは、順にその数の周波数にチャンネルを合わせてゆく。日時によって番組は異なるから、演奏ごとに異なった音響結果がもたらされるわけだ。

また、この時期にケージは五線譜ではなく、さまざまな図形や線によって構成された「図形楽譜」を使用しはじめている。図形をどう「読む」かは演奏者の判断に任されているから、当然ながら、音響結果は演奏者によって著しく不確定な要素を呈する。

先ほど彼の作品に対して「コンセプチュアル・アート」という表現を使った。実際、ケージの活動は、音楽史においては類例のない破天荒なものだが、アートの文脈の中には、意外なほどすんなり収まってくる。

たとえば、ケージと同時期に同じくニューヨークで活躍していた抽象表現主義の作家たちの作品に目を向けると（当時、双方には親密な交流があった）、単色の中に一本の線が引かれているバーネット・ニューマンのカラーフィールド・ペインティング、あるいは即興的、偶然的に絵具をカンヴァスの上に飛び散らせるジャクソン・ポロックのアクション・ペインティングといった作法を見出すことができる。従来の芸術の前提とされている、緻密な構成や熟練した技術を拒否するかのような姿勢には（ゆえにいずれもが「誰でもできる」という批判を浴びることになる）、ケージとの大きな共通点があろう。

抽象表現主義をバックアップした批評家グリーンバーグによる「モダニズム」の定義について先に触れたが、音の関係性が裸で提示されるセリー音楽のみならず、音素材そのものが提示されるケージの音楽も、また異なった意味でモダニズムといい得るものだろう。

作品と作者の変容

個人の表現であることを放棄しようとする偶然性の音楽においては、作曲者という存在は、従来とは異なった位相に属することになる。

たとえば、数本の直線といくつかの点が記された何枚かのプラスティック・シートを勝手に重ね合わせて「楽譜」にする「ヴァリエーションズII」（1961）が演奏された場合、音を聴いただけでは作曲者自身にさえ、それが自分の曲かどうか判断できないという、なんとも奇天烈

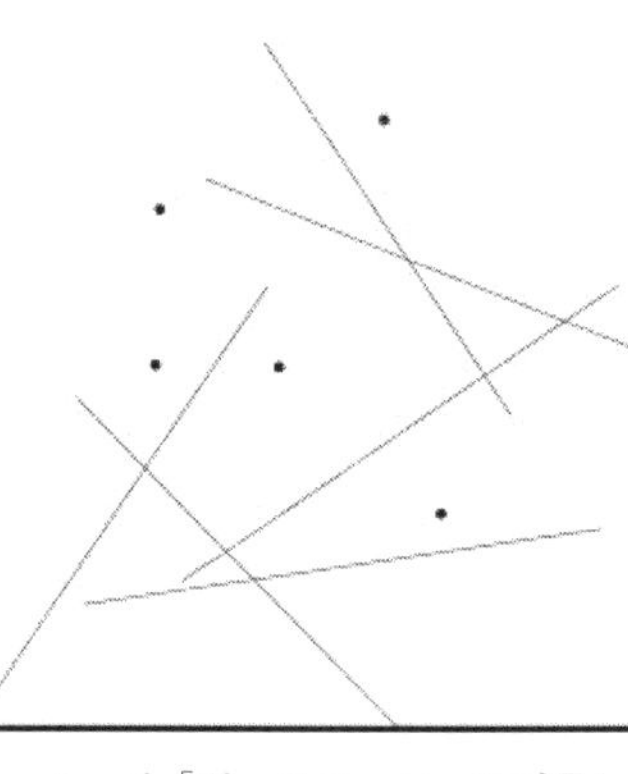

ケージ「ヴァリエーションズⅡ」（1961）．透明シートの重ね方の一例．©1961 by Henmar Press, Inc. Sole selling agent C. F. Peters Corporation.

な事態が生じる。すなわちここでの作品の音響結果は、もはや作曲家のコントロール下にはない。すなわちケージは、単に何かが起こる「場」を提供しているのだともいえよう。

作曲家自身が自分の曲かどうかわからないというのに「ヴァリエーションズⅡ」がジョン・ケージの作品として流通し、著作権料まで発生していることを、いったいどう考えればよいのだろうか（あの「4分33秒」であっても、我々は著作権料を払わねばならない！）。

ここでクローズアップされるのが「楽譜」という存在だ。たしかにケージは音楽に関して、ほとんどあらゆる概念を破壊、更新した人物かもしれないが、同時に、一貫して楽譜にこだわった作曲家でもある（彼は、楽譜のない即興演奏には最後まで否定的だった）。

なぜケージのように破天荒な人物が、クラシック音楽の作曲家として、いわばバッハやベートーヴェンの末裔（まつえい）として扱われているのかといえば、それは何よりも楽譜に対するきわめて伝統的・保守的な姿勢ゆえに他ならない。少々変わった方法を用いてはいるものの、作曲家の仕事は「楽譜を書く」ことにあるという信念において、彼は最後まで古典的な作曲家だった。

ところで、この種の音楽において、演奏者のセンスと創造性が従来以上に問われることは論をまたない。

たとえばピアニスト（のちには作曲家としても活躍）のデヴィット・チューダーは、ケージやその仲間たちの作品の初演を手がけるとともに、シュトックハウゼンやブソッティからも作品を献呈されているが、彼のようにレパートリーの中心に同時代の音楽を置く人々が、戦後、次々にあらわれた。ピアノのコンタルスキー兄弟、フルートのガッゼローニ、声楽のバーベリアン、オーボエのホリガーなどはその代表的な例だが、現在にいたるまで、こうした系譜は連綿と続いている。

こうした人々の登場は、現代音楽の記譜や演奏技術が、一般的なクラシック音楽から少しずつ遊離しはじめたことを示していよう。彼らはメカニカルな技術や特殊奏法の知識に長けている上に、現代音楽のさまざまな技法や様式に通暁した存在であり、その結果、時として、ほとんど作曲家の共同作業者のようにして作品を作り上げてゆくことになる。

音楽のフロンティアとサウンドスケープ

「最初にわれわれは、フロンティアがアメリカ国民にとって、混成的な国民の形成を促進したことに気がつくのである」

これは、十九世紀末から二十世紀初頭にかけて活躍したアメリカの歴史家フレデリック・ターナーによる記念碑的な論文「アメリカ史におけるフロンティアの意義」（1893）の一節である。彼は、フロンティア精神こそがアメリカをアメリカたらしめている要素であり、そこからこの国特有の個人主義、民主主義、自由主義、好奇心が生まれたのだと論じる。

この理論は、現在では先住民軽視や帝国主義といった観点から批判されてもいるが、しかし一方でアメリカという国が、常に進取の気性と不可分であることは誰もが認めるところだろう。ケージの音楽はその典型といえるが、他にも音のフロンティアというべき作曲家がアメリカには多数存在している。

尺八を吹くヘンリー・カウエルと，それを聴くエドガー・ヴァレーズ．

まずは、コネチカット生まれのチャールズ・アイヴズ（1874–1954）。彼は保険会社を経営しながら、ほとんど趣味のようにして実験的な作品を書き継いでいった作曲家である。そのコラージュ的な技法は時代をはるかに先取りするものであり、たとえば「交響曲第4番」（1916）の終楽章では、賛美歌「主よみもとに」をもとにした恍惚（こうこつ）的なカオスがあらわれる。

カリフォルニアに生まれ、早くからピアノの内部奏法を開拓するとともに、世界音楽的な視点で作品を書いたヘンリー・カウエル（1897–1965）、そしてやはりカリフォルニアに生まれ、自作楽器による非平均律の音楽を追求したハリー・パーチ（1901–74）もまた、アメリカ実験音楽界のフロンティアというべき存在だろう。

そして、ケージとともに「ニューヨーク楽派」と呼ばれることもあるブラウン、ウォルフ、フェルドマンらも、それぞれ新しい試みを成した作曲家たちである。

アール・ブラウン（1926–2002）は、最初の完全な図形楽譜である「一九五二年十二月」を含む連作「フォリオ」（1952）の作者として知られる。この連作はいずれも自由な記譜法で書かれているが、これは彼が若い頃に学んだジャズの経験に由来しているのかもしれない。

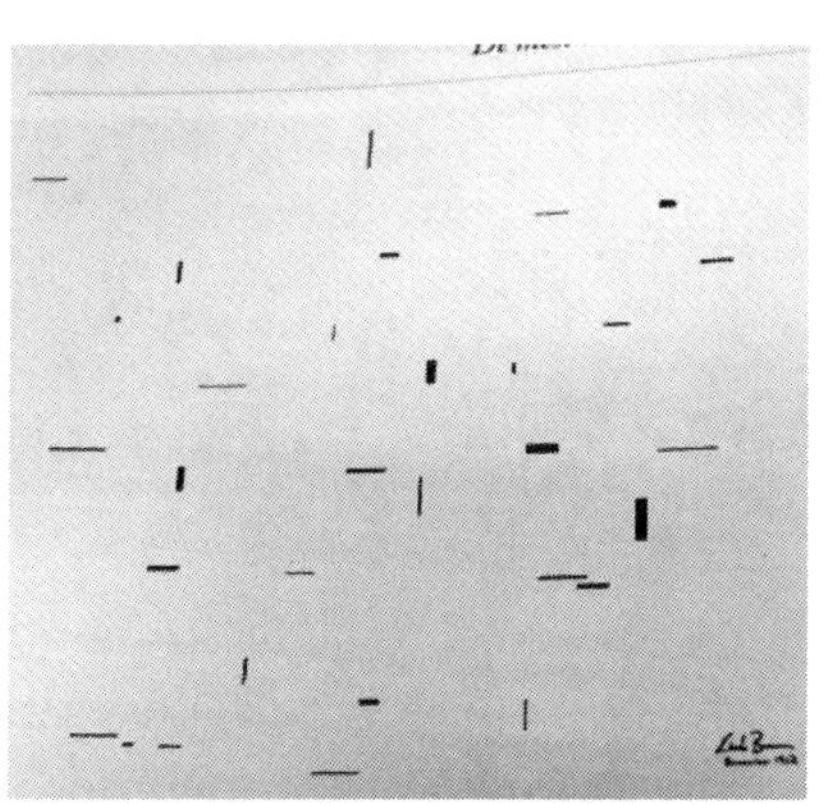

アール・ブラウン「1952年12月」の楽譜.
DECEMBER 1952 by Earle Brown. ©by ASSOCIATED MUSIC PUBLISHERS INC. Permission granted by K.K. Music Sales. Authorized for sale in Japan only.

モートン・フェルドマン（1926–87）は、初期には図形楽譜を用いていたが、七〇年代に入って五線譜に回帰。抽象表現主義の画家たちの名を冠した「フランツ・クラインのために」（1962）、「ロスコ・チャペル」（1971）といった中期作品を経て、八〇年代には、きわめて変化の乏しい音群が延々と続く、特異な作風に到達した。

クリスチャン・ウォルフ（1934–）はドイ

ツ人として生まれ、戦争を機にアメリカに渡った作曲家。彼の不確定でゲーム的な要素を持った作品からは、社会の中における個人の自由、といった左翼的なモティーフが明らかに見て取れる。

彼らはいずれも、五〇年代にはケージと行動を共にしていたが、やがてそれぞれの道に進み、ヨーロッパの前衛とは別の文脈の中で、個性的な作風を開花させることになった。

また、日本の一柳慧（いちやなぎとし）（1933–）は、一九五九年にニューヨークでケージの音楽と出会い、それまでの作風から一気に偶然性・不確定性の音楽へと転じた。たとえば彼の「ピアノ音楽第6」（1961）は、鍵盤上で何らかの音の塊を「できるだけ速く、できるだけ騒々しく弾く。肉体的に消耗するか、精神的に消耗するかで演奏を続けることができないと感じた時、演奏を終了する」という言葉の指示のみによる作品。こうしたパフォーマンス的な要素は、その後ジョージ・マチューナスを中心にして興った「フルクサス」運動にも共通するものといえる。彼らは美術や音楽といったジャンルを越境しながら、「イヴェント」と呼ばれる、過激で不定形なパフォーマンスを繰り広げた。

一柳慧とジョン・ケージ（1981）.

ジェイムズ・テニー（1934–2006）もまた、偶然性や不確定性、そしてコンピュータ音楽や電子音楽、純正律など、さまざまな実験を行ないつづけた作曲家である。彼の「打楽器のためには一音も書いたことがない」（1971）は、何らかの打楽器を最弱音から最強音までクレッシェンドさせ、そこからまた再弱音へと戻るという指示のみによる作品。

ところで、ケージの「4分33秒」の考え方を延長してゆくと、「サウンドスケープ」という概念に突きあたる。これは「ランドスケープ（風景）」に由来する造語で、カナダの作曲家・理論家のマリー・シェーファー（1933-）によって提唱された。我々を取り囲む「音の風景」といったほどの意味である。

彼の主著『世界の調律』（1977）では、人間がどのような音環境の中で生きてきたかがさまざまな角度から検討されるとともに（たとえば都市化に従って、それまでにはなかった、機械の低周波音が我々の生活に忍び込んできた等）、その環境を「調律」すなわち整備する可能性が考察される。この社会を音という観点から切り取った、壮大な試みといえるだろう。

Column　関東／関西のサウンドスケープ

日本の場合、東日本の電力周波数は五〇ヘルツだが、これを音の高さに直すと、ほぼ「ソ♯」になる。あらゆる電気製品はこの周波数の振動をもとにして動いているわけで、いま、この瞬間にも、さまざまな機器が静かに発するブーンという低い振動を捉えることができるはずだ。面白いことにシェーファーによれば、五〇ヘルツの交流電源の地域において被験者に「ごく自然に感じられる」音の高さで声を出してもらうと、「ソ♯」であることが多いという（『世界の調律』）。

日本の場合、西日本は六〇ヘルツの周波数が採用されているが、これはほぼ「シ」の音にあたる。すなわち大雑把にいえば、東日本の人間は常に「ソ♯」の音を聴きながら生活し、西日本の人間は常に「シ」の音を聴きながら生活していることになる。シェーファーのいうことが正しいならば、関東人と関西人では微妙に音感が異なることになろう。

旧東欧出身の作曲家たち

第二次世界大戦後のドイツやアメリカでは、凄まじい勢いで新しい音楽を求める動きが展開されたわけだが、対照的に、戦後の東ヨーロッパ地域はソ連の勢力圏の中に編入されたため、程度の差はあれ、本国と同じく社会主義リアリズムの要請にさらされることになった。

たとえばポーランドでは、早くも一九四八年にあのフレンニコフが訪問して講演を行ない、翌年から社会主義リアリズムが国の文化方針として正式に採用されるに至った。こうしたなか、戦後ポーランドを代表する作曲家ヴィトルド・ルトスワフスキ（1913–94）の「交響曲第1番」（1947）も形式主義として批判され、彼はバルトークに範をとった「管弦楽のための協奏曲」（1954）で、名誉回復を図ることになる。

一九五六年、フルシチョフによるスターリン批判を機にして、ようやくポーランドにも文化的「雪融け」が訪れるが、これを象徴するのが、同年に開幕した「ワルシャワの秋」現代音楽祭である。ここでは当初から西側の音楽が紹介されており、五八年の第二回には早くも新ウィーン楽派の三人、そしてブーレーズやシュトックハウゼンといった若手の作品が演奏された。

ハンガリーの場合、過激なスターリン主義者であった書記長ラーコシのもとで、当初はより厳格な形で社会主義リアリズムが課されることになった。ブダペストで活動していたジェルジ・リゲティ（1923–2006）はこの頃を回想して「現代美術や現代文学などは全面的に禁止され、（中略）発禁となった書物は図書館や書店からまったく姿を消し去った。こうした中には、なんと『ドン・キホーテ』や『熊のプーさん』までもが含まれていた」と述懐している。実際、彼がこの時期に書いた「ルーマニア協奏曲」（1951）は、のちの作風とはかけはなれた、民謡をもとにした屈託のない響きの音楽である。

ボフスラフ・マルチヌー（1890–1959）.

さらにこの時期の旧東欧の作曲家としては、祖国が社会主義化したことによって「さまよえるチェコ人」となってしまったボフスラフ・マルチヌー（1890–1959）の名をあげておかねばならない。

第一次世界大戦中にはチェコ・フィルのヴァイオリン奏者を務めていた彼は、その後パリに学んでいたが、第二次世界大戦が勃発すると、ナチスから逃れるためアメリカへと亡命。戦後はチェコへの帰国を望むものの、一九四八年、祖国に共産党政権が成立したのを見て、断念するに至る。結局、その後はアメリカ、フランス、イタリア、スイスと目まぐるしく居所を変えながら膨大な作品を書き続け、五九年にこの世を去った。

初期には、キッチンの料理器具が踊りだすバレエ「調理場のレビュー」(1927) など、ストラヴィンスキーや六人組の香りがする典型的な新古典主義音楽を手がけ、中期には暗い政治情勢を反映してか「二つの弦楽オーケストラ、ピアノ、ティンパニのための協奏曲」(1938) において緊張感に満ちた表現を開拓。そして晩年の「ピアノ協奏曲第4番《呪文》」(1956) になると、さまざまな郷愁（きょうしゅう）がどこか不機嫌に混ぜ合わされて、虚ろな音楽世界が現出する。

マルチヌーは最後まで前衛的な作風には足を踏み入れなかったから、音楽史においてさして頁が割かれることはない。しかし生涯に四百曲を超えるその膨大な創作は、二十世紀前半のヨーロッパ音楽の一面を、鮮やかに映し出している。

Column ブリテンの現代性

戦後の前衛の時代に活躍した作曲家の中で、保守・革新といった区分を越えた存在といえるのが、一六作を数えるオペラを残したベンジャミン・ブリテン (1913–76) である。

ブリテンは生涯にわたって調性の枠内で作品を書き続けたが、しかしその音楽の複雑性と深みは、間違いなく現代語法の十分な咀嚼（そしゃく）の上に成り立っている。

ベンジャミン・ブリテン（左）と，終生のパートナーだったテノール歌手ピーター・ピアーズ．

たとえば、子どもたちを守ろうとする女家庭教師と幽霊のかけひきを描いた、ヘンリー・ジェイムズ原作による「ねじの回転」（1954）。

基調を成すのは朗唱風の旋律だが、セリフの抑揚をほんの少し膨らませただけで歌が成立してゆく様子は、息をのむほどに見事だ。また、旋律が無調的な色彩に傾くときにも、音程が決して不自然にならないように細かい配慮がなされている。

実は、この作品の器楽部分は、ひとつの十二音音列が基になっている（ただし「十二音技法」が用いられているわけではない）。この音列は、一六場それぞれの間に挟まれた間奏曲において変奏主題として使用されるとともに、しばしば朗唱の背景でも鳴り響いて、密かに全体を統一するのである。

こうしたシステマティックな構造を、しかしいささかも無機的になることなく用いる手管は、同時代の作曲家の中でも傑出したものといえるだろう。

第5章　電子テクノロジーと「音響」の発見

二十世紀という時代を象徴する、もっとも大きな要素のひとつが、電子テクノロジーであることは論をまたない。

一九〇六年に開発されたテルハーモニウムを嚆矢として、世紀初頭にはテルミン、オンド・マルトノ、トラウトニウムなどの「電子楽器」が次々とあらわれている。これらは、すべての音域を通した均質な音色、平均律に制限されない音程によって、ヴァレーズの「エクアトリアル」(1934)やメシアンの「トゥランガリラ交響曲」(1948)などで大きな効果をあげた。

しかし、第二次世界大戦後における「電子音響音楽」の誕生は、こうした電子楽器の開発とは次元を異にしている。パリの「ミュジック・コンクレート」とケルンの「電子音楽」という二つのルーツを持つこの新音楽の登場は、クラシック音楽の作品概念を変化させるとともに、その後の創作に大きな影響を与えたのだった。

ミュジック・コンクレートと「具体音」

ヴィシー政権期の音楽について触れた際に、フランス国営放送局（ＲＴＦ）内に設置された「ステュディオ・デセー」について記したのを覚えておられるだろうか。

このスタジオは、パリ解放後に「クラブ・デセー」と名前を変えるのだが、電子音響音楽の第一歩「ミュジック・コンクレート」は、ここから出発した。新音楽の出生地として、レジスタンス運動の拠点であったこのスタジオは実にふさわしいではないか。

ピエール・シェフェール（1910–95）の発案した「ミュジック・コンクレート（具体音楽）」は、ごく簡単にいえば、外界の音を録音し、それを何らかの形で変調することによって「作品」を作るというものである。

「具体音楽」というのは奇妙な名称だが、シェフェールによれば、一般的な音楽が「楽譜を書く」という抽象的な手段によって作曲されるのに対して、この新音楽においては、まず何らかの「具体的な音響」という素材があり、それを変形・構築することによって作曲がなされるのだという。

最初の作品「五つのエチュード」が完成したのは一九四八年。そのうちの「鉄道のエチュード」を聴いてみると、回転数を変化させた汽車の音がゴットン、ゴットンと——なにがしかの形式はあるようだが——続くだけである。また、「紫のエチュード」はピアノの音の録音を逆回転させた音素材を並べたもの。いずれも、ごくシンプルな実験作品ではある。

しかし、「音そのものを加工する」という編集感覚、そして素材を何度も反復する手法には、現在のポピュラー音楽にまで通ずる射程の長さがはっきりと感じられる（ここには既にサンプリング、カットアップ、リミックスといった手法が用いられている）。間違いなくシェフェールは、ひとつの鉱脈を掘り当てた。

技術畑の出身であるシェフェールは、パリ音楽院を出た作曲家ピエール・アンリ（1927–2017）と組むことによって、創作の幅を大きく拡げた。最初の共作「ハ調による何か」（1950）は、音楽作品としての輪郭をはっきり備えているし、続く「ひとりの男のためのシンフォニー」（1950）では人声、ノイズ、プリペアド・ピアノなどの素材が混ぜ合わされて、一種、物語的な世界を作り出すにいたっている。この間の進展はきわめて早い。

シェフェールとアンリは一九五一年、「ミュジック・コンクレート探究グループ」を設立した（この組織は、名称や所属を変化させながらも、現在にいたるまで存続している）。彼らは若い作曲家たちにスタジオを提供し、次々にコンクレート作品を作らせることになる。

最初期には、メシアン、ブーレーズ、シュトックハウゼン、そしてジャン・バラケといった人々がここで制作を行なっているが、当時、十二音技法からセリー音楽にいたる数的な原理を突き詰めようとしていた彼らは、コンクレートを創作の中心に据えることはなかった（実際、彼らのコンクレート作品はそのほとんどに「習作」といった類のタイトルが付されており、意識としても試みの範囲を出ていなかったことが分かる）。

一方で、コンクレートと相性のよい作曲家たちもいた。ヤニス・クセナキス（1922–2001）の「ディアモルフォーズ」（1958）は、ダンプカーの騒音などを素材にしたノイズ的な響きを展開させて、いま聴いても十分に魅力的だ。また、のちにはグループの中心人物になるフランソワ・ベイル（1932–）は「鳥が歌う」（1963）において、生の楽器音と変調音を混ぜ合わせて、潤いのある響きを実現している。もともと十二音技法やセリー音楽と無縁だった彼らは、「具体音」をより柔軟に扱うことができたのだろう。

リュック・フェラーリ（1929–2005）.

また、一九五四年には重鎮エドガー・ヴァレーズが、オーケストラの生演奏とミュジック・コンクレートが交互に配置される「砂漠」（1954）の最終的な仕上げをこのスタジオで行っている。若い頃から平均律を越えた音響を導入することを夢見ていたヴァレーズは、七十歳を過ぎて、ようやくその手段を手に入れたのだった。

最初期のミュジック・コンクレートは、音を変調する手段が乏しかったせいもあって、元の素材が原型をとどめているものが多い。しかし加工技術の洗練が進むと、徐々に素材の出自はわからなくなってゆく。

こうしたなか、あえて「具体音楽」ならではの手法を突き詰めたユニークな作曲家のひとりが、リュック・フェラーリ（1929–2005）である。

初期には「偶発音のエチュード」（1958）など典型的なコンクレート作品を書いていた彼は、「ほとんど何もない　第1番」（1969）では、夜明けの海岸の音風景を録音し、それを繋げただけという作品を提出する。聴こえてくるのは、遠くで喋（しゃべ）っている人の声や、鳥、蟬（せみ）などが発する音、そしてそれら全体を包む、いわく言い難い空気感である。ここにはフェラーリ自身が作った音は、おそらくまったくない。

ケージの「4分33秒」やシェーファーの「サウンドスケープ」の概念を想起する人も多いだろう。しかしフェラーリ作品をそれらと隔てているのは、「録音された音を愛（め）でる」という、コンクレート独特の感覚である（それは、最初にレコーダーを手にした子どもが、手当たり次第に録音を楽しむ様子にも似ている）。

フェラーリ自身はこれを「逸話的音楽」と呼んでいるのだが、なるほど、確かにこれは抽象ではないし、物語でもない。何事かがゆるやかに生じている気配だけが封じ込められた不思議な作品である。

「電子音楽」から電子音響音楽へ

「感覚・色彩」のフランスに対して、「論理」のドイツといったら、あまりにステレオタイプにすぎようが、両国における電子音響音楽の発展をたどると、どうしてもそんな印象を受けてしまう。

一九五一年、西ドイツ放送（WDR）ケルン局に電子音楽スタジオが設立された。外界の音を録音して加工するコンクレートとは異なり、ケルンでは、まず電気的に音素材を発生させ、それを合成して作品を構成する探求がなされることになる。ミュジック・コンクレートの手法が帰納的だとすれば、こちらは演繹（えんえき）的に音楽を作るわけだ。

スタジオの所長には、作曲家ヘルベルト・アイメルト（1897-1972）が就任したが、合成音声の専門家であった物理学者ヴェルナー・マイヤー＝エプラー、そしてエンジニアのロバート・バイヤーといったスタッフが当初から加わっている。「理詰め」で電子音楽を作ろうとするケルンにおいては、彼らは必要不可欠な人材だった。

ケルンのスタジオにおけるシュトックハウゼン．

スタジオ最初期の作品、アイメルトとバイヤーによる「無限空間における音」（1952）は、まさに空間の中をピポパポ、ギュイーンといった電子音が飛び交うもので、新しい音素材の自由を無邪気に楽しんでいるように聴こえる。

一方で、フーイファールッの「作品第4番」（1952）と「作品第5番」（1953）、そして彼の盟友シュトックハウゼンの「習作1」（1953）は、サイン波をさまざまな形で合成しながら、あらゆる要素を「数列」によって一元的に管理した作品である。

もうお分かりだろう。この二人は、五〇年代初頭のダルムシュタットにおいて、セリー音楽に関わった作曲家に他ならない。つまり彼らがここで欲しているのは、新しい音色というよりも「完全にコントロールし得る」音響なのだ。生身の演奏では不可能な厳密性を電子的な手段で実現するという意味において、彼らが目指していたのは、いわば究極のセリー音楽だった。

もちろんスタジオ全体がこうした傾向だったわけではない。フランコ・エヴァンジェリスティ（1926–80）の「音帯の遭遇」（1957）は、ダイナミックな起伏が実に「音楽的」な様相を呈しているし、ハンガリーから亡命したばかりのジェルジ・リゲティ（1923–2006）による「グリッサンディ」（1957）では、そのタイトル通り、長いグリッサンドが徹底して用いられている。

結局、これらの作品には、作者がこの媒体に何を求めたのかがダイレクトに投影されているといってよいだろう。アイメルトが電子音の「質感」を求めたとすれば、シュトックハウゼンは人間に不可能な「コントロール」を求め、さらにリゲティは電子音にのみ可能な「なめらかな音高の漸次（ぜんじ）変化」を求めた。

こうしたなかで、またもや新しい領域に乗り出したのが、シュトックハウゼンである。この人の成すことは常に性急なのだ。彼は一九五六年、少年の歌声を録音・加工し、電子音と混ぜ合わせた「少年の歌」を発表。すなわちここではコンクレートの手法がケルン流の電子音楽と融合させられているわけである。幾重にも重ねられた少年の声が電子音の中に融解し、あるいは電子音からあらわれるというアイディアは、いま聴いても鮮やかなものだ。

アイメルトの「久保山愛吉の墓碑銘」(1962) も、マグロ漁船操業中に水爆実験に巻き込まれた日本人、久保山愛吉を悼むナレーションが電子音の渦の中で変容してゆく作品。ここでアイメルトは水爆という現代テクノロジーによる被害者を、やはり最先端の手段で描き出したということになろう。

パリの「ミュジック・コンクレート」に対して、ケルンの手法は狭義の「電子音楽」と呼ばれるが、双方はお互いの側から接近し、時として融合することになった。ゆえに現在では、両者の総称として「電子音響音楽（Electroacoustic music）」という語を使うことが一般的である。ただし依然として、その出自が本質的にどちらにあるのかは、作品の性格を決定する大きな要素といえよう。

拡散する電子音響音楽

このムーヴメントは、ほとんど競争のようにして、瞬く間に世界に拡がることになった。パリとケルンに続いて、五〇年代にはニューヨーク、ミラノ、東京、ワルシャワ、ストックホルムなどで矢継ぎ早に電子音楽スタジオがオープンするのである。

アメリカのコロンビア大学では、オットー・ルーニングとウラディミール・ウサチェフスキーが、電子音とオーケストラの共演による、どこかコミカルな味わいを持つ「ラプソディ変奏曲」（1954）を制作。また、セリー音楽の大家バビットは、当然というべきか「シンセサイザーのための作品」（1961）で素材の徹底したコントロールを試みた。

ミラノに設けられたスタジオの中心となったのは、ルチアーノ・ベリオとブルーノ・マデルナである。哲学者エーコとの共同作業によるベリオの「テーマ（ジョイスへのオマージュ）」（1958）は、女声が音韻へと分解されてゆく狭間で、さまざまな様相をあらわにする作品。意味と無意味を往還する中であらわれる不思議な詩情は、この作曲家独特の感性を示していよう。

日本の反応もきわめて早かった。

パリ留学中にコンクレートを知った黛敏郎（1929–97）は、帰国後の一九五三年に「ミュージック・コンクレートのためのX，Y，Z」（1953）を制作。これは日本における最初のコンクレート作品だが、鉄骨を叩く音や鳥の声が加工され、最終的に一種のフーガにたどりつく様子は、若い作曲家の才気煥発ぶりを如実に示している。NHKが正式に電子音楽スタジオを開設すると、黛は「素数の非系列による正弦波の音楽」（1955）などの一連の作品で、シュトックハウゼンの「習作」に想を得たシステマティックな電子音楽へと進んだ。

十代の頃から「調律された楽音のなかに騒音をもちこむこと」を夢想していたという武満徹（1930–96）は、いくつかの劇付随音楽で試行を重ねたのち、「ルリエフ・スタティク」（1955）で本格的な電子音響音楽を手がける。茫漠とした郷愁を感じさせる音風景が続く点は、黛とは明らかに異なった個性を感じさせるが、実際、彼はケルン流の「電子音楽」にはほとんど興味を示さず、もっぱらコンクレート的な手法を用いて、その後も「木・空・鳥」（1956）などを発表することになった。

ちなみに、一九六〇年から翌年にかけて読売新聞に連載された松本清張の推理小説『砂の器』では、ミュジック・コンクレートを手がける前衛作曲家が犯人に据えられている（映画版は異なる設定）。その作品は「管弦楽器というこれまでの媒体物を使わずに、（中略）種々雑多の音が、機械的な操作によって、のろく、早く、強く、弱く、長く、短く、いろいろな変化で波打って出るのだった。そこには普通の音楽的な陶酔はなかった」と描写されるのだが、なんとこの作曲家は自宅のスタジオで、電子音による殺人（！）まで試みる。当時、この種の音楽が、広く一般に耳目を集めていたことがうかがえよう。

ＮＨＫのスタジオで制作された作品群の中でも、湯浅譲二（1929–）の「ホワイトノイズによるイコン」（1967）は特筆すべき成果のひとつである。ホワイトノイズ（ラジオなどのザーッという雑音）という素材が荘厳なオーラを放つ様子は世界的にみても稀有なものだ。

奇妙な音と記譜、そしてスピーカー

電子音響音楽の最大の特徴とは何だろうか。

多くの人が素朴に考えるのは「今までにない奇妙な音が出る」ということだろう。深いエコ

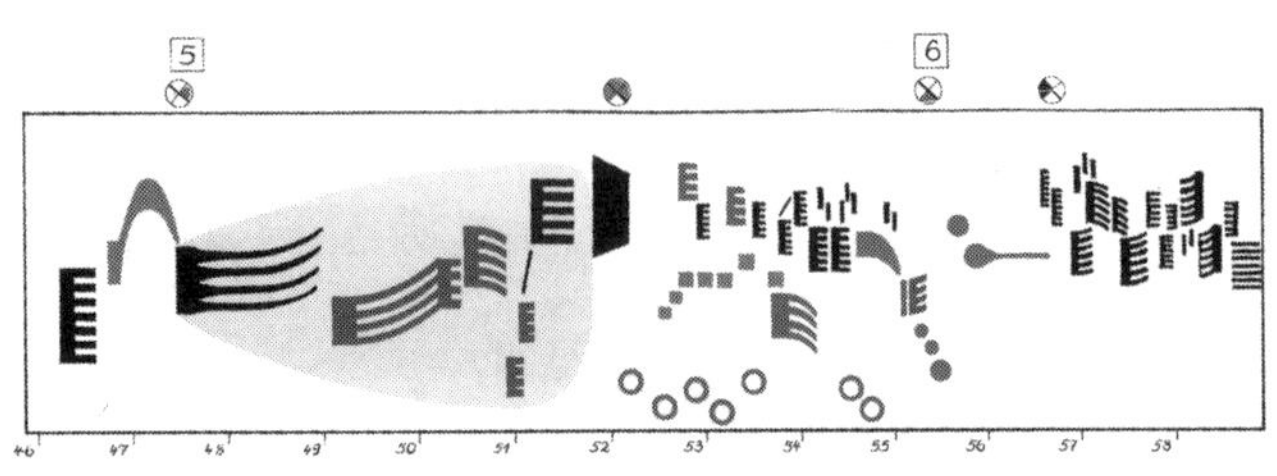

リゲティ「アルティキュラツィオン」の楽譜. ©1970 SCHOTT MUSIC, Mainz - Germany.

ーや多層的な音響処理など、たしかにこの種の音楽が我々に新しい音の体験をもたらしたことは間違いない。

しかし、音楽史的あるいは音楽存在論的にいえば、はるかに重要だと思われる点が二つある。

第一に、その作品が、楽譜と演奏の外側に位置していること。これまでクラシック音楽の作曲家たちは、自らの作品を「楽譜」という形で定着させ、それを「演奏」させてきた。しかし、電子音響音楽の場合には、作曲家が提出するのは「録音された媒体」であり、その存在の仕方は根本的に異なっている。

面白いのは、初期の電子音楽作曲家が、時として「楽譜」を出版していることだ。シュトックハウゼン「習作2」(1954)はその例だが、これらは我々のよく知る楽譜ではない。というのも、「ほかの誰か」が演奏するためのものではなく、あくまでも作曲家自身の設計図にすぎないからだ(また、リゲティの「アルティキュラツィオン」〔1958〕のように、あとから他人の手によって図形楽譜が制作されたケースもある)。

そして二つ目の重要な点は、音が最終的に「スピーカー」から放出されることである。

当然ながらバッハやシューマンの時代には、電気的に音を増幅できなかったから、クラシック音楽は、アコースティックな演奏に基礎を置くジャンルだと一般に認識されている（音楽大学で毎日行われているのは、「マイクを使わずに」楽器を効果的に鳴らす訓練だ）。

現代のPA（音響機器）システムを用いれば、巨大なオペラ劇場において、管弦楽を背景にして歌声を客席に届けるという苦行のような状態は容易に避けられるが、それでも依然として、クラシック音楽においてマイクを用いるのは本質的な「何か」を損なうことだと考えられている。この強固な文化的慣習は――徐々に薄れてきているものの――まだ当分は続くことだろう。

音響そのものを封じ込めたパッケージが作品になるという点において、そしてスピーカーから音が放出されるという点において（これら二つの条件が相補的であることは言うまでもない）、電子音響音楽の存在のありようは、実はクラシック音楽よりも、むしろポピュラー音楽に近いともいえる。かくして電子音響音楽は現在にいたるまで「クラシック音楽」という領域の境界線上にその位置を占めることになる。

SF映画、あるいはポップ・ミュージック

その鵺的な性格を反映してか、電子音響の初期の探求は、クラシック側とポピュラー側の双方から進められた。

ケルンのスタジオがオープンした一九五一年には、早くも電子音響が用いられた映画「地球の静止する日」が登場している。音楽を担当したバーナード・ハーマン（1911–75）は、のちにヒッチコック映画の音楽で名を成すことになるが、ここでは宇宙ロボットが登場する際にコンクレート的な音響が使われた。

また、テープレコーダーをひとつの「楽器」と捉え、五〇年代初頭から半ば即興的な電子音響作品を制作していたルイス・バロンとベベ・バロン夫妻は、クラシック／ポピュラーの越境

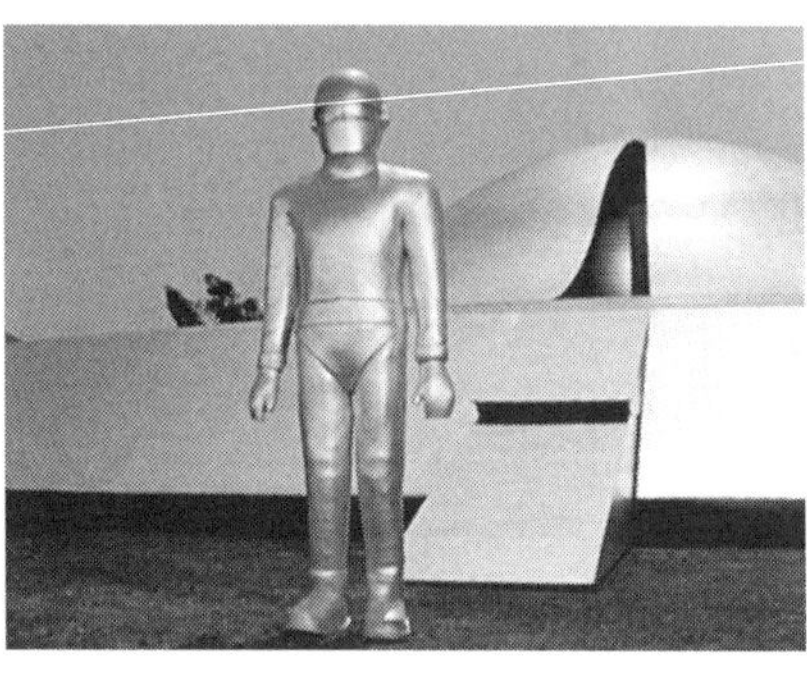

「地球の静止する日」(1951).

自宅スタジオにおけるルイス&ベベ・バロン夫妻.

を考える上で興味深い例だ。

彼らのすぐれた音響技術を知ったジョン・ケージは、夫妻の協力でさまざまな素材を制作し、「ウィリアムズ・ミックス」（1953）を完成させている。これは、ノイズ的な音響を八つのスピーカーから放出する作品だが、実際にはケージとバロン夫妻の「共作」に近い。

バロン夫妻による映画音楽の代表作「禁断の惑星」（1956）は、史上初めて、全編にわたって電子音響が用いられた作品である。その豊かな音色ヴァリエーションからは、個人のスタジオでありながらも、既に彼らがパリやケルンに匹敵する音響を作り出していたことが分かる（ちなみにこの映画自体も「スター・ウォーズ」「エイリアン」といったその後のSF映画に決定的な影響を与えた）。

ところで、この場合に典型的なように、電子音響が用いられるのは、多くの場合SF映画であった。無調がしばしば「怪奇」の表現として用いられるように――幸か不幸か――草創期から現在にいたるまで、電子音は「宇宙」「UFO」「未来」などと結びつけられることになる。

アンリ・プスール（1929–2009）がケルンで制作した「イカロスの翼」（1972）は、こうした性格を逆手にとった作品といえるかもしれない。ここでは典型的な（チープといってもよい）電子音がところせましと跳ね回り、旧式のゲーム機のようなサウンドを過剰に放出するのである。

音響をマルチトラックで重ね合わせる手法は、やがてポピュラー音楽のレコーディングにおいては基本的な技術として用いられるようになった。

ビートルズの「サージェント・ペパーズ・ロンリー・ハーツ・クラブ・バンド」（1967）はその例のひとつだが、面白いことに世界の有名人の絵が並ぶこのレコードジャケットにはマリリン・モンローやカール・マルクスと並んで、シュトックハウゼンの顔が描かれている（自身もさまざまなタイプのオーヴァーダビングを試みていたポール・マッカートニーは、シュトックハウゼンの「少年の歌」をいたく気に入っていたという）。

また、ビートルズには、明らかにミュジック・コンクレートというべき「レボリューション9」（1968）という作品がある。スピーチ音声や逆回転させた楽器音、シベリウスなどの既成楽曲の断片が、およそ八分間にわたって、雑然とコラージュ状に配置された異色作だが、研究者イアン・マクドナルドは、この曲がシュトックハウゼンの「少年の歌」と「ヒュムネン」から影響を受けているのではないかと推測している（前衛芸術家であったオノ・ヨーコの影響も十分に考えられよう）。

この時期、現代音楽とポピュラー音楽の距離はかつてないほどに縮まっていたのだった。

生演奏と電子音響の統合

電子音響音楽の本質的な性格が、クラシック音楽と馴染まないことは先にも述べたが、そのひとつの解決策として「演奏者が、あらかじめ制作してある電子音響と共演する」という折衷的なアイディアがあらわれる。これならば新しいテクノロジーを導入しつつ、従来のクラシック音楽的な性質を保つことができるわけだ。

録音部分と管弦楽部を交互に扱う作品は、先述したヴァレーズ作品をはじめとして五〇年代初頭からあらわれているが、これらにおいては二つの部分はほぼ完全に分離していた。しかし、ブルーノ・マデルナ（1920–73）の「二次元の音楽」（1952）やシュトックハウゼン「コンタクテ」（1960）になると、あらかじめ作曲者によって制作されたテープ部分と、舞台上の奏者による演奏が綿密に縒り合わされて、両者の相互浸透が図られるようになる。

また、ルイジ・ノーノ（1924–90）は「照らしだされた工場」（1964）において、労働者の声や工場音を素材にしたテープ部と女声の生演奏を融合させて、ジェノヴァの製鉄所の苛酷な労働状況を表現しようとする。彼の場合、コンクレート手法によって政治的な意味を持った断片を構築し、そこに生演奏を加えて立体化を図るわけだ。これも「具体音」の特徴を生かしたひとつの例だろう。

ルイジ・ノーノ（1924–90）．
写真：アフロ．

一方、録音テープを用いず、電子音を生演奏で提供するタイプの作品を「ライヴ・エレクトロニクス」と呼んでいる。

たとえばケージの「カートリッジ・ミュージック」（1960）は、レコード・プレイヤーのカートリッジ部

アルヴィン・ルシエ「ソロ奏者のための音楽」(1965)の演奏風景.

をコンタクト・マイクに見立てて、奏者がさまざまな音を増幅してゆく作品。また、シュトックハウゼンの「ミクロフォニーI」(1964)では、奏者たちが楽譜の指示にしたがって巨大な銅鑼を叩いたり引っ掻いたりする音が、さらに他の奏者によって電子的に変調される。

こうした作品では、電子音響を用いてはいても、従来の作曲―記譜―演奏という連鎖はしっかり保持されており、存在論的にはむしろクラシカルな様態を示しているといってよい。

もっともアメリカのアルヴィン・ルシエ(1931-)のように、きわめて実験的なライヴ・エレクトロニクスを手がける作曲家もいる。「ソロ奏者のための音楽」(1965)は、彼自身が会場で頭に電極を付け、そこからα波が検出されると、リレー回路を通じて会場の打楽器が鳴りはじめるという作品。

また、「私はある部屋の中に座っている」(1970)は、まずはルシエ自身が一分ほどのスピーチを会場で録音した後、あとはそれを同じ会場内で再生したものを録音し、さらにそれを再生して録音……という手順を延々と繰り返す作品。この作業によって、当該の場所の音響特性(たとえば高い音がキンキン響くとか、低い音がこもるといった性質)が徐々に増幅されて、最終的に元のスピーチは、その会場に合わせた奇怪な音塊へと変容してゆくことになる。

「音響」の発見

個々の「音」が集まることによって、固有のテクスチュアを持った塊が生じた状態を、ここでは「音響」と呼んでおきたい。「音響」は麻のようにザラザラしていたり、絹のように滑らかであったり、あるいはずっしりした重量感を持っていたりという、一種の質感として、我々の前にあらわれることになる。

クセナキスが「メタスタシス」を書く際に用いた設計図.

ヤニス・クセナキス（1922–2001）の「メタスタシス」（1954）の音響は、そのユニークな例のひとつだ。普通、オーケストラの弦楽器は第1、第2ヴァイオリン、ヴィオラ……といった楽器群がパートごとに同じ旋律を演奏するが、この曲の冒頭では、弦楽器奏者はひとりひとりが微妙に異なったタイミング（速度）で、上行グリッサンドを奏する。結果として立ちあらわれるのは、旋律でも和声でもなく、グニャーっと変化してゆく音の「面」なのだ。

おそらくはもともと音響的な志向の強かったクセナキスの場合、シェフェールのもとでコンクレートを手がけるよりも前にこうした作曲を試みているが、他の多くの作曲家たちの場合、電子音響音楽を制作した経験が、あらためて音響に対する認識を促したように見える。すなわちアコースティックな作品へのフィードバックが起こったわけだ。

たとえば五〇年代末から自国のスタジオで電子音楽の制作にかかわっているポーランドのクシシュトフ・ペンデレツキ（1933–2020）は、さまざまな曲線からなる図形的な記譜法を用いて、五二本の弦楽器が一定の「幅」の音程・リズムでうねりながら進む、なんとも異様なテクスチュアを「広島の犠牲者に捧げる哀歌」（1960）で開拓した。

一方、ハンガリーからウィーンに亡命し、その後ケルンで電子音楽にたずさわった経験を持つリゲティは「アトモスフェール」（1961）で、やはりオーケストラの各奏者に少しずつ異なる音程を演奏させて（結果としてピアノの鍵盤をすべて同時に押したような響きになる）、音のビロードのような効果を現出させる。もはや旋律もリズムも感じられないが、しかしその音響は時に透明に、時にくすんだ色へと、万華鏡のように変化してゆく。

こうした、狭い音程がならんだ音の塊を、一般に「トーン・クラスター」と呼ぶ。この技法の先駆者であるアメリカのヘンリー・カウエルは、上腕部や手のひらを使い、隣接する鍵盤をまとめて「グチャッ」と奏するピアノ曲を書いているが、ペンデレツキやリゲティは、これをオーケストラに投影したわけである。ピアノの鍵盤を腕で押しても、半音の集積が得られるだけだが、弦楽器の合奏では「半音の半分」の音程をびっしりと敷き詰めて、はるかに繊細に音響の色合いをコントロールすることも可能だ。

ちなみに、先に挙げた三人がギリシャ、ポーランド、ハンガリーという「辺境」の作曲家であることは少々興味深い。

いずれも大戦中はナチスに蹂躙（じゅうりん）された国家だが、戦後、ギリシャ内戦の中でフランスに亡命したクセナキス、そして祖国が共産圏に編入され、一時期を社会主義リアリズムの制約の中で過ごしたペンデレツキとリゲティは、それぞれに極限的な体験を経て、こうした作品に至ったわけだ。

リゲティはのちのインタビューで、ハンガリー時代には不協和音が禁じられていたから、西側に出た時には半音がびっしり詰まったクラスター音楽を書いたのだと述懐しているのだが、これは半ば冗談（じょうだん）でもあり、半ば本音でもあるだろう。彼らはドイツのシュトックハウゼンやフランスのブーレーズのように、つるんとしたセリー音楽の向こうに未来を見るのではなく、いずれもざらりとした質感のクラスター音楽から戦後の創作を開始したのだった。

特殊奏法という「音響」

楽器の特殊な奏法は、時代を問わず試みられてきた（弦楽器のピッツィカートも最初は「特殊奏法」だった）。

しかし「音響」の発見と並行して、一九六〇年代に入ると、急速にさまざまな特殊奏法が開拓されてゆくことになる。音を音高・音価・強弱といった変数から位置づけるのではなく、手触り、テクスチュアといった点から捉える場合に、特殊奏法がクローズアップされるのは当然の成り行きだろう。

先のペンデレツキ作品には、途中で弦楽器の「胴を手で叩く」「駒とテイルピースの間をはじく」「コル・レーニョ（弓の背の部分で弦を叩く）」などの噪音的な要素が一斉に用いられて、鳥の大群が羽ばたいているようなテクスチュアを作る部分がある。ペンデレツキはさらに、「弦楽四重奏曲」(1960)ではこの手法を全面的に採用して、ほとんどの部分を「キュッ」「キッ」「ガリガリ」といった音で埋めた音楽を書いた。

ベリオは、女声のための「セクエンツァⅢ」(1965)で、囁き声、笑い声、しわがれ声、極端な早口などを用いてオペラを凝縮したような効果を醸し出したかと思えば、オーボエ独奏のための「セクエンツァⅦ」(1969)では、本来、単音しか出せないこの楽器にさまざまな重音を吹かせて、ざらついた音の幅を作ってみせる。

こうした特殊奏法の開拓は、「楽音」と「雑音」の区別があいまいになってゆく過程と捉えることができよう。

「楽音」とは、教科書的にいえば「音楽を構成する音」だが、その代表はヴァイオリンの艶やかな旋律、声楽のベルカント唱法など、一般的な意味での「きれいな音」である。しかし、打楽器には特定の音高を持たないものが多いし、弦楽器のピッィカートも一種の破裂音だ。すなわち、楽音と雑音という区分は、物理学的・音響学的なものではなく、歴史的・心理的なものといってよい。

特殊奏法の使用は、ゆえに、かつては雑音として排斥されてきたさまざまな響きを、楽音へと組み入れてゆく手段と考えられよう。

六〇年代以降にはほとんどの現代作曲家が特殊な奏法を用いるようになるが、とりわけドイツのヘルムート・ラッヘンマン（1935–）は、この手法を突き詰めた人物のひとりだ。

ヘルムート・ラッヘンマン（1935–）.
写真：読売新聞社.

チェロ独奏のための「プレッション」（1969）では、弓を垂直方向に動かし、左手で弦を強くはじいたかと思えば、駒の上をガリガリと強く擦り……といった具合で、擦過音のような音響が終始続くし（筆者はこの曲を聴くと、歯科医院での治療を思い出す）、ピアノ曲「ギロ」（1970）では、鍵盤を打楽器のギロに見立てて爪でグリッサンドを行ない、カタカタと乾いた音を出す。かくしてオーケストラ曲「響きの影」（1972）になると、さまざまな楽器が一斉に、こんな具合の「雑音」を発することになる。

単に噪音的な効果を欲するのであれば、身の回りのガラクタを適当にこすり合わせればよいのではないか、と考える人も多いだろう。しかし、自らの作曲を「楽器によるミュジック・コンクレート」とよぶラッヘンマン作品で重要なのは、特殊奏法によって、音楽にブレヒト的な「異化作用」を生ぜしめる点にある。我々が見慣れた、聴き慣れた楽器から、思わぬ音が引き出されることによる落差が、ひとつの効果を生むわけだ。

冷戦構造の中の音楽

第二次世界大戦後、ドイツは西ドイツ（ドイツ連邦共和国）と東ドイツ（ドイツ民主共和国）に分断され、後者はソ連を中心とする社会主義陣営に属することになった。

東ドイツにおいては、当然ながら、芸術に対するさまざまな制約が課されることになるが、それでも、ナチスを逃れてアメリカに渡っていたドイツ人作曲家の中で社会主義にシンパシーを抱く人々は、戦後、この国に「帰国」を果たしている。

ハンス・アイスラー（1898–1962）とパウル・デッサウ（1894–1979）は、その代表格だろう。彼らはやはりアメリカに亡命していた劇作家ベルトルト・ブレヒトらと相前後して、いずれも四〇年代末に東ベルリンに渡った。

ユダヤ人作曲家アイスラーは、ナチス時代にアメリカに亡命したが、しかし戦後になると、今度はアメリカの「赤狩り」で裁判にかけられ、ふたたび亡命同然の状態で東ドイツへとたどり着いたのだった。

東ドイツ国歌「廃墟からよみがえり」を手始めに、その後の彼は主に映画音楽やカンタータの作曲に従事しながら、この新しい国家を代表する音楽家として活動を続けることになる。しかし晩年の作品を聴く限りでは、この体制の中で彼が十分に満足のいく創作ができたとは思えない。結局、彼はベルリンの壁の建設が始まるなか、一九六二年に世を去った。

「肝っ玉母さんとその子どもたち」（1938）をはじめとする、ブレヒトとの共同作業で知られるデッサウもまた、帰国後は社会主義リアリズムに沿った楽曲を書くことになったが、しかしアイスラーと異なり七九年まで生き延びていることもあって、残された音楽の様式にはかなり幅がある。たとえば「レーニン」（1969）は、冒頭から調性と無調が入り乱れ、時として相当に先鋭的な響きを聴かせるのだが、最終楽章ではブレヒトの詞による壮麗な合唱が導入されて幕を閉じる。一種混濁した音楽の様相は、さまざまな制限の中での折衷案的な解決策だったのだろう（そのあり方は、当時の東ドイツにおける、「ライプツィヒ派」の絵画にも似ているかもしれない）。

ところで、東ドイツが成立した一九四九年という年は、冷戦が顕在化するとともに、ソ連が核実験に成功した年でもある。この頃から社会主義国で書かれるようになるのが、広島・長崎を題材にした楽曲群だ。これらは世界の平和を謳いつつも、しかし実際にはアメリカに対する非難を含意しているわけである。

ソ連のアルフレート・シュニトケ（1934–98）は、モスクワ音楽院の卒業作品としてオラト

ハンス・アイスラー（1898–1962）.

リオ「長崎」（1958）を提出している。当時、音楽院の卒業生は社会的な題材を含んだ作品を書く必要があり、彼の場合も、教師側からの強い働きかけによってこの主題を選択したという。用いられているのはソフローノフ、米田栄作（よねだえいさく）、島崎藤村（しまざきとうそん）の詩なのだが、米田の詩は広島の原爆をうたったものだし、藤村の「朝」は原爆と関係がないので（藤村は四三年に没している）、やや場当たり的な印象は否めない。

ただし、我々にとって興味深いのは、オラトリオの中央に位置する第3楽章「このつらき日に」で、激烈かつ無調的な表現があらわれることだ。つまり、社会主義リアリズムの政策下にあっても、こうした悲惨を描くときには現代語法を用いることが許されたということになろう。

また、ポーランドのペンデレツキによる「広島の犠牲者に捧げる哀歌」（1960）は、きわめて有名な作品だが、このタイトルは作曲後に付されたものである。つまり彼の場合も、破壊的なサウンドを持つ楽曲と政治的な状況を重ねあわせた時に、このタイトルが浮かび上がってきたということなのだろう。東ドイツのデッサウも、全編でシュプレッヒ・シュティンメ（語り歌い）を用いたオペラ「アインシュタイン」（1972）において、広島と長崎への原爆投下を無調的な筆致で描きだしている。

社会主義国に属していなくとも、左翼思想を持った作曲家たちによって、広島・長崎を題材にした作品は当時数多く書かれた。たとえばイタリア共産党に属していたルイジ・ノーノは「生命と愛の歌」(1962)で広島の悲劇とアルジェリアの革命に関するテキストを交差させ、日本の大木正夫(1901–71)は「交響曲第5番《ヒロシマ》」(1953)で、おどろおどろしい音響を炸裂させている。

かくして文化の側面においても東西冷戦が勃発していたわけだが、アメリカ側も手をこまぬいていたわけではない。

CIA(アメリカ中央情報局)の肝煎りで一九五〇年に設立された「文化自由会議」は、文化的にソ連に対抗するためのプロパガンダ組織である。多数の芸術イヴェントを通じて東側の「不自由」と、西側の「自由」を対照的に示すのが、彼らの主な目的だった。

組織の事務局長を務めていたのは二〇年代にはバレエ・リュスのための作品も書いている作曲家、ニコラス・ナボコフ。名前からも分かるように彼はロシアの出身ではあるが(作家ウラジーミル・ナボコフの従弟にあたる)、革命時に亡命したのち、戦後になるともっぱらアメリカ政府に協力して、文化政策に関わることになったのだった。

文化自由会議は、美術においては抽象表現主義絵画の展覧会を、音楽においては「世界音楽祭」を組織して、「芸術の自由」を精力的にアピールした。

このうち、一九六一年の「第四回世界音楽祭」は東京で行われている。アメリカからはヴァージル・トムソンやアイザック・スターン、そしてニューヨーク・フィルが来日したが（同時期に東側からはライプツィヒ・ゲヴァントハウス管弦楽団が来日して、東西直接対決の様相を呈した）、六〇年安保の熱気が残存する日本においては、「反共団体による音楽祭」といった非難の声があがり、大規模な反対運動を引き起こすことになった。東京文化会館のこけら落としも含んでいたこの音楽祭は、結果としてきわめて低調なまま幕を閉じる。

今から見ると隔世の感があるエピソードだが、こうした対立のなか、やがて六〇年代末の「政治の時代」が本格的に世界に到来する。創作の世界はそこで再び、とてつもなく大きな曲がり角を迎えることになったのだった。

Column　「ドレミの外ではなにもできない」

実験的な音楽創造とは、従来は「非音楽」だとされていたものを「音楽」に参入させることに他ならない。ミュジック・コンクレートも、ガラクタのような雑音によって音楽を組織する試みだった。

驚くべきことに、コンクレートの主導者シェフェールは、晩年のインタビュー（1987）において「四〇年もかかって出た結論はといえば、ドレミの外ではなにもできないということ」「音響構造でしかないものを音楽と呼んではなるまい」と述懐している。なんという卓袱台(ちゃぶだい)返し。「やはり王様は裸だった」と溜飲(りゅういん)を下げる人も少なくないだろう。

　しかし筆者にとっても、これはどこか爽快な発言だった。バッハやモーツァルトを聴くのとは異なり、現代音楽を聴く面白さのひとつは「非音楽」と「音楽」の狭間の崖っぷちを歩くことにあるが、その危うさをあらためて喚起してくれるインタビューのように思えたのだ。ちなみに筆者はシェフェールの作品は——創り手がどういおうと——十分に音楽的だと思っている。

　たとえば最晩年のケージが「「4分33秒」など音楽ではない」と密かに書き残していたら、どうなるだろうか。場合によっては、それこそが最高のアートなのかもしれないと思ったりもするのだが。

第6章　一九六八年という切断

第二次世界大戦後から一九六〇年代にかけて、創作の世界は異様な熱気に包まれていた。作曲家たちの眼の前には、十二音技法、セリー音楽、偶然性、ミュジック・コンクレート、電子音楽、トーン・クラスター、特殊奏法……といった具合に、次々にこなすべき課題があらわれたから、これらの技術を掌中に収め、可能であればそれを乗り越えることが、新しい創作を担うものの義務となった。

この前衛期は、とりもなおさず世界の作曲家たちが「大きな物語」を共有していた最後の時代といえる。全員が同じ問題について語ることが可能であり、そして誰もが——反対にせよ賛成にせよ——それに対する意見を表明しなければならなかった。

しかし、こうした様相はおよそ一九六八年という地点をひとつの象徴にして変化を始める。見方によっては、この断層は第一次世界大戦、第二次世界大戦よりもはるかに大きい。というのも「貴族社会の終焉」や「ナチスからの解放」といった外的な要因によるものではなく、音楽の進歩それ自体を疑うという、内在的かつ本質的な問いに基礎づけられているからである。音楽は進歩し得るのかという問いはそのまま、新しさに大きな価値を置いている「現代音楽」の存立基盤を揺るがすものでもあった。

では、六八年に起こったこととはいったい何だったのだろうか。

五月革命とさまざまな闘争

一九六八年五月三日、パリのソルボンヌ大学が封鎖された。

火種となったのは、その二か月前にパリ大学ナンテール校で起こった些細(ささい)な学生闘争だったが、火は瞬く間にフランス全土へと拡がり、五月には大きな炎として燃え盛ることになった。多くの大学が学生によって占拠されるとともに、カルチェ・ラタンにはバリケードが築かれ、いたるところで学生と警官隊が衝突した。やがて学生たちを支援する労働組合のストが一千万人規模の巨大なゼネストへ発展すると、フランスという国の機能は一時期、完全に麻痺してしまう。これを一般に「五月革命」と呼んでいる。

フランスだけではない。西ドイツでは社会主義ドイツ学生同盟（ＳＤＳ）を中心にした学生運動がこの年に頂点を迎え、アメリカではニューヨークのコロンビア大学が学生に占拠された。日本でも日大や東大の闘争を皮切りにした全共闘運動が全国に拡がり、イタリアやオランダ、イギリスでも同様の事態が勃発。さらには東側においてもチェコの「プラハの春」に代表される自由化運動が（程度の差はあれ）、ポーランドや東ドイツでも勃発することになった。

面白いことに、闘争の様相は、それぞれ異なっている。アメリカの闘争の背景にはベトナム反戦運動と公民権運動があり、ドイツの場合はフランクフルト学派などの理論を背景にした政治闘争の色彩が強い。日本で発端になったのは、大学の不正会計や医学部のインターン制度の是非だったし、フランスの場合には学生と労働者との連帯によるストライキが大きな特徴といえる。つまり、こうした差異を軽々と越えて、六八年には同時多発的に、各国で同じようなことが起こったわけだ。

パリ５月革命で投石する若者.

「ニュー・レフト（新左翼）」とも呼ばれるこれらの運動は、ソ連型スターリニズムをはっきりと否定しながらも、おおむね社会主義的な方向性のもとでの変革を求めるものだった。この時期には戦後生まれが次々に成人を迎えており、彼らはそれぞれの国において、旧世代を否定しつつ異議申し立てを行なったわけである。

政治的な結果からみれば、五月革命直後の総選挙でド・ゴール派が圧勝したフランス、同年に共和党のニクソンが大統領に就任したアメリカの例に明らかなように、これらの反乱はいずれも成功には至っていない。

しかし、むしろ政治権力を奪えなかったことによって、闘争は日常のさまざまな局面へと持ち越され、ミクロな反乱はそのまま継続されることになった。この意味で、一九六八年に起こったことは、むしろ思想的・文化的な側面においてより重要かつ広範な影響を及ぼしたといってよい。

女性や黒人といったマイノリティの権利保護運動は、同時に「白人男性」の特権性に対する反省、さらには西洋中心主義への批判を促したし、先進国の経済繁栄が、貧しい国からの搾取によって支えられていることも公の認識となった。さらにはテクノロジーが引き起こす負の側面も俎上(そじょう)にあげられ、公害や核に対する反対運動は「エコロジー」運動へと発展してゆくことになる。

こうしたなか、六〇年代後半には、旧来の公式文化に対して「カウンター・カルチャー」(対抗文化)とよばれる、ドラッグやヒッピーと親和性の高い文学、美術、音楽が、若者の文化として擡頭するに至った。

ウッドストックで3日間の「トリ」を務めたジミ・ヘンドリックス.

音楽における例としてしばしば挙げられるのが、一九六九年八月にニューヨーク州ベセルで行われた「ウッドストック・フェスティバル」である。三日間で四〇万人以上の観客を集めたこの「平和の祭典」は、ジャニス・ジョプリン、スライ&ザ・ファミリー・ストーン、ジョーン・バエズ、ザ・フー、ジミ・ヘンドリックスなど、白人と黒人、そして男女のさまざまなミュージシャンが登場し、さらにはフォーク、ロック、ファンクといったジャンルが分け隔てなく混在している点に特徴がある。細かい政治的主張は異なっていたとしても、しかし人種、階級による差別や権威に対する反撥を彼らはおおむね共有していた。

翻ってクラシック音楽を考えてみると、それがまさしく旧式文化の象徴に他ならないことは明らかだった。歴史的に貴族階級やブルジョワを担い手にしてきたのみならず、音楽家になるためには小さい頃からの訓練や、(場合によってはきわめて高額な)楽器の購入が当然の前提となっており、コンクールなどの制度や師弟関係には権威主義が跋扈(ばっこ)している。そして何より、そもそも「音楽史」に登場するのは、そのほとんどがヨーロッパに生まれた白人・キリスト教徒・男性ではないか。

こうしたことは、以前ならばとりたてて問題にするまでもない、ごく当たり前のことだったろう。しかし、六八年的な視線は、これらが特殊かつ克服されるべき条件であることを明らかにしたのだった。

現代音楽は、かくして再び変貌を始める。進むべき道は簡単に見つからなかったものの、この過程において「豊かな暗中模索」ともいうべき、多くの果実がもたらされることになった。

もちろん一九六八年という年はひとつの象徴にすぎず、一朝一夕に変化が生じたわけではない。すでに六〇年代初頭から「六八年的」なものは始動しているし、七〇年代後半に至っても、その余波は続く。しかし、この年を中心にして、創作には確実に大きな切断点が訪れようとしていた。

音楽における「六八年」を考える上で、格好の作品がある。イタリアのルチアーノ・ベリオ(1925-2003)による「シンフォニア」(1968/69)だ。まずは簡単に曲の概要を紹介しておこう。

ルチアーノ・ベリオ(1925-2003).

この作品は、「ニューヨーク・フィル創立百二十五周年委嘱作品」として、六八年に4楽章版として初演され、さらに翌六九年に第5楽章が加えられて現在の形になっている。タイトルは「交響曲」とも訳せるが、作曲者自身は、むしろさまざまなものが「同時に響き合う」という原義に沿ったものだと述べており、日本語ではカタカナの「シンフォニア」とするのが一般的だ。

編成はオーケストラと八人の声楽によるが、歌手たちはマイクを使って、歌唱はもちろん、セリフや囁き声までをも担当する。

第1楽章は、レヴィ＝ストロースのテキストを用いた神秘的な序章。第2楽章「オー・キング」では、六八年に暗殺された、公民権運動の支柱であったキング牧師を追悼(ついとう)して、彼の名が最初は母音のみで、最後には子音も含めたはっきりとした発声で語られる。

第3楽章では、マーラーの「交響曲第2番」第3楽章を下敷きにしながら、バッハからシュトックハウゼンに至るさまざまな楽曲の断片がコラージュ風にトッピングされる。これらの断片は、ドビュッシー「海」のように、原曲を知っていればすぐに分かるものもあるが、ごく短い断片も多く、全体としてはカオスの様相を呈している。また、同時に、声楽陣はベケットの「名づけ得ぬもの」をテキストの中心にしながら、ハーヴァード大学における学生たちの会話（ベリオは六〇年代半ばにこの大学で教鞭をとっていた）、そして五月革命のスローガンなどを、やはりコラージュ的に歌い、語る。

第4楽章は、わずかに「血の薔薇(ばら)」という語が歌われる、もっとも短い楽章。そして最後の第5楽章では、ベートーヴェンの「第九」のように、それまでに用いられた要素が統合され、いわばメタ・コラージュの様相を呈して曲を閉じる。

時代の流れを読む勘に長けたベリオは、それまでの現代音楽とは異なる、一種の柔らかさを曲に与えながら、「五月革命」「構造主義」「引用・コラージュ」「公民権運動」といった六八年の切断を象徴するさまざまな要素をちりばめた。以下、これらの要素を手がかりにして、当時の音楽状況について考えてみたい。

Column　五月革命のスローガンと「中国女」

六八年の異議申し立てはさまざまな文化的側面を有している点に特徴があるが、とりわけパリ五月革命は、フランスならではというべきか、どこか詩的な性格を持っている。学生たちは「(舗道の）敷石の下は砂浜だった」「禁止することを禁止する」「想像力が権力を奪う」といったスローガンをさまざまな壁に落書きしたが、こうした詩的な革命というイメージの背景には、たとえば当時のジャン＝リュック・ゴダールの映画があっただろう。

「中国女」(1967).

「中国女」(1967) は、パリ大学の学生たちが毛沢東主義を奉じ、帝国主義打倒を掲げて奇妙な共同生活を送る様子を描いた作品。政治的な主題を持っているとはいえ、挿入歌「マオマオ」で、あっけらかんとしたメロディに乗って「おいらは頑張る、毛沢東」といった詞が歌われることに象徴的なように、登場する若者たちはみな、どこかで遊戯気分が抜けていないようにも見える。この感覚は、おそらく五月革命にも通底するものだったろう。

革命当時のパリを訪れた経験を持つベリオは、学生たちのスローガンの断片を、おそらくはゴダール的な両義性も含めて作品内に取り込んだのだった。

構造主義と民族音楽

「シンフォニア」第1楽章のテキストになっているのは、人類学者にして構造主義の始祖レヴィ＝ストロースの『生のものと火を通したもの』（1964）である。

ベリオがこの書物に、来るべき時代の空気を読み取っていたことは、単に語句を引用するにとどまらず、その中に記されている、水の起源に関する南米神話の変容過程を、第1楽章でそのまま音楽に移し替えたと述懐していることからも理解されよう（もっとも、その当否については十分に明らかになっていないのだが）。

レヴィ＝ストロースは、南米未開社会の調査や神話の研究を行なうなかで、世界がやがてヨーロッパのように進化してゆくという考え方自体を退けるようになった。「人類の進歩」という概念に疑問符を付し、さらにはヨーロッパを相対化しようとする点において、彼の思想はそのまま六八年の背景を成しているといってよい。

我々にとって興味深いのは、レヴィ＝ストロースが半ば専門家といってもよい音楽通であり（彼の曾祖父は、名を知られた作曲家だった）、『生のものと火を通したもの』という本自体が「第

1部「主題と変奏」から始まって、「鳥の巣あさりのアリア」「行儀作法についてのソナタ」「五感のフーガ」というように、くまなく音楽的な比喩で構成されていることである。

しかも、南アメリカの神話を分析する書物であるにもかかわらず、彼はこの本の冒頭近くで、現代の音楽について次のように記している。

ミュジック・コンクレートとセリー音楽の考え方を隔てる溝がどのようであろうと、そして、一方は素材に、他方は形式にとりくんでいるにしても、問題は両者とも、文節の基準がひとつしかない記号体系を築くという二十世紀の夢に溺れているのではないかということである。

クロード・レヴィ＝ストロース『生のものと火を通したもの』初版（1964）.

ここでは戦後のヨーロッパ音楽が目指してきた、一義的な論理体系が批判されているわけだ。早い時期にセリー音楽に背を向けたベリオは、この部分を読んでわが意を得た思いがしたことだろう。

当然というべきか、構造主義思想は、民族音楽学の展開とも連動している。もともと「比較音楽学」と呼ばれていたこの学問は、やがて「民族音楽学」と名前を変えて（一九六四年に出版されたアラン・メリアム『音楽人類学』とブルーノ・ネトル『民族音楽学の理論と方法』は、この脱皮を象徴する書物だ）、音楽と社会をめぐるコンテクスト研究という、きわめて幅広い役割が与えられるようになっていた。

かくして、六八年的な視線は、さまざまな地域の音楽を、固有の美的価値を持つものとして捉えることになる。

「シンフォニア」と同じ「ニューヨーク・フィル創立百二十五周年委嘱作品」として書かれた、武満徹の尺八、琵琶とオーケストラのための「ノヴェンバー・ステップス」(1967)も、こうした背景を無視しては考えられない。ここで邦楽器は、西洋楽器に比べて何ら「劣った」ものではなく、オーケストラに堂々と対峙し得るものとして扱われている。邦楽器とオーケストラの共演は、既に戦前から山田耕筰などによる先例があるが、前衛的なサウンドと尺八・琵琶を正面からぶつけた点において、この曲の新しさは際立っていよう。お披露目がニューヨークという場であったことも功を奏して、その後、「ノヴェンバー・ステップス」は世界で再演を重ねるヒット曲となり、武満徹という作曲家の国際的な地位を切り開いたのだった。

そしてもうひとつ、前衛と民族的な語法との出会いという点では、この時期にきわめて重要な作品が書かれている。シュトックハウゼンの「シュティムング」(1968)だ。

この曲では一時間以上にわたって変ロ音上の「属9の和音」とその倍音のみがホーメイのよ

うに特殊な倍音唱法で歌われる。六人の歌手が車座になって座り、世界の古代神の名前を次々に発してゆく様子は、疑似民族音楽的ともいえるものだ（初演では「ヒッピーのキャンプファイヤー」との評を受けた）。また、マイク（PA）を使う点でも、同年の「シンフォニア」と大きな共通点があろう。

耳で聴いただけではとても分からないのだが、意外なことに「シュティムング」では、さまざまな要素は相変わらず「セリー」によって管理されている。しかし、一貫して「属9の和

武満徹（1930–96）．写真：ArenaPAL／アフロ．

「シュティムング」演奏の様子（2015年8月，サントリーホール）．© 公益財団法人サントリー芸術財団．

音」が鳴り続けるというサウンドは、明らかにそれまでの現代音楽の範疇（はんちゅう）にはおさまりきらないものだ。のちに述べるように、ここでシュトックハウゼンが掘り当てた「倍音」という鉱脈は、その後の音楽展開において少なからぬ意味を持つことになる。

引用とコラージュ

「シンフォニア」を有名にしたのは、何よりも第3楽章におけるさまざまな楽曲のコラージュだった。引用やコラージュは過去の音楽史を「現在」に参入させる手段であるとともに、アイロニーやユーモアといった、多様な参照系の中に作品を開く手段ともいえよう。

もともとベリオは「エピファニー」（1961）で、ジョイスからマチャドにいたる詩を用いるなど、コラージュ的な手法を得意としていた作曲家ではある。とりわけ複数の歌手と語り手によってダンテの詩の断片が浮かび上がっては消える「ラボリントゥスII」（1965）のアマルガム的な性格は、「シンフォニア」にそのまま続くものといってよい。

一方、独自の哲学的ヴィジョンから引用を用いた作曲家に、ドイツのベルント・アロイス・ツィンマーマン（1918–70）がいる。彼は「球体の時間」——過去・現在・未来が直線ではなく球体を成す錯綜した時間——という概念を提唱し、オペラ「兵士たち」（1964）では、複数の場面を舞台上で同時に進行させた。続く「ユビュ王の晩餐（ばんさん）の音楽」（1966）は、泰西名曲の旋律やジャズが混在した過激なコラージュ作品だが、終盤でワーグナー、ベルリオーズ、シュトックハウゼンの作品が延々と重ねられる部分は圧巻だ。

ベリオに学んだ経験を持つ、オランダのルイ・アンドリーセン（1939–）も、多くのコラージュ的な作品を手がけている。とりわけ「アナクロニーⅠ」（1967）は興味深い。これはシリアスな現代音楽風サウンドの中に、ブラームス、フランク、ミヨー、そして兄や父の作品（彼は音楽家の家系に生まれた）などの断片を織り込むとともに、随所でストラヴィンスキーやメシアンらの「音楽様式」を模し、さらにジャズやイタリアのポップスまでも取り入れたという音楽。こうしたアイディア自体は師からの影響でもあるのだろうが、「シンフォニア」の前年に書かれていることを考えると、なにがしかの逆影響が生じた可能性も考えられよう。

ルイ・アンドリーセン（1939–）.

ちなみにアンドリーセンは、六八年にはオランダのクラシック音楽界を象徴するコンセルトヘボウ管弦楽団の保守的なプログラミングを批判してデモを行ない、ジャズと現代音楽が混じり合ったイヴェントを主宰した人物でもある。これ以来、彼は保守的なクラシック作品、そして聴衆と乖離（かいり）してしまった現代音楽の双方を敵とみなすようになったのだった。

この時期以降、引用とコラージュは多くの作曲家によって用いられる手法となるが、これらは歴史を攪乱しながら「何が最先端なのか」というゲームをいったん棚上げするための、きわめて有効な手法だったといえる。

六八年とミニマリズム

歴史家ノルベルト・フライは、パリ五月革命にもまして、アメリカにおける異議申し立ての運動を重視する。

> ……のちに世界中に拡がった抗議運動の最重要の先駆となり手本となり、始まりとなったものをアメリカ合衆国に見出すことは難しいことではない。まさに現代資本主義の牙城であるこの国で、現実に存在する共産主義への加担に依拠しないタイプの急進的体制批判が最も早く、しかもとくに鮮明な形で先鞭をつけたのだ。

なるほど、ベトナム反戦運動は、フランス、ドイツ、オランダ、そして日本を含めたほとんどの国における学生運動の主要な論点であったし、一斉に声をあげはじめたマイノリティを代表するのは、なにより公民権運動の主役である黒人だった。

当然というべきか、この時期にアメリカで生まれたミニマル音楽にも、さまざまな点において六八年的な性格が刻印されることになった。

　ミニマル音楽は、「反復音楽」と呼ばれることからも明らかなように、徹底して反復を用いる音楽様式である。「ミニマル」の語は、素材が極限的に限定されていることを示しているが、そうした細胞のみで曲を作るならば、基本的には素材を何度も「反復」するよりほかない。つまりこれらの名称は様式の二つの相補的な側面をあらわしているわけだ。

　ムーヴメントを代表する一人、スティーヴ・ライヒ（1936–）は、ジュリアード音楽院などで作曲の訓練を受けたが、十二音技法をはじめとするヨーロッパ的なアカデミズムが肌に合わず、やがて録音テープをループ状にして何度も繰り返すという奇妙な手法を試みるようになる。

　「カムアウト」（1966）はその初期の例で、白人警官に暴行された黒人少年の証言の一部を、複数のテープレコーダーで何度も繰り返しながら、少しずつずらしてゆく作品。つまりは一種のミュジック・コンクレートともいえるのだが、ここでは徹底した「反復」が政治的な主張と結びついた様相を見て取ることができよう。

「ピアノ・フェイズ」冒頭の音型.

　こうした反復を、人間に担わせたのが「ピアノ・フェイズ」（1967）である。これは、二台のピアノが同じ旋律をユニゾンで何度も繰り返すうちに、第2ピアノのみが少しずつテンポを速め、音型の組み合わせを変化させてゆく作品。初めて接する人は、そのイリュージョンにも近い聴体験に驚くはずだ。繰り返される音型は、前半は「ミーファ♯ーシードーファ♯ーレ」という六音のみによって構成されており（譜例参照）、後半ではそれが「ミラシレ」の四音に収斂してゆくという、きわめて調性的（旋法的）な性格を持っている。

二台のピアノのうち、一方がすこしずつテンポを上げてゆくという革新的なアイディアがテープ作品の体験から来ていることは強調しておきたい。すなわちこの作品もまた、前章で見た電子音響の体験による「音響の発見」の系譜に連なる側面を有している。

テリー・ライリー（1935–）.

さらにライヒは一九七〇年にはアフリカのガーナで打楽器を学び、その体験を「ドラミング」（1971）に結実させた。ここでは先のような原理（ライヒは「フェイズ・シフティング」、すなわち「位相ズレ」と呼んでいる）がさまざまな形で応用されて、リズムの綾の中から、次々に新しいリズムや音色が発生してゆく。

ライヒとは異なった形でミニマル音楽を展開した初期の作曲家としては、テリー・ライリー（1935–）とフィリップ・グラス（1937–）が挙げられよう。

ライリーの「インC」（1964）は、ミニマル音楽の嚆矢ともいえる重要な作品。楽譜には、短い音型が五三個並べられており、奏者たちは（楽器や人数の指定はない）、ひとりが奏するドの音のパルスの上で、この断片を最初から順に、好きなだけ繰り返しながら先に進んでゆく。結果として生じるのは、即興的、ドラッグ的、ドローン（持続低音）的な恍惚だ。五三の断片はいずれもド音上の倍音列に相当する音が用いられているため、音の重なりは無調的にはならず、ゆるやかな旋法の渦を形成する（ライヒは、この「インC」の初演に参加しているから、おそらくはその反復性と旋法性に大きな影響を受けたはずだ）。

ライリーはやがて、インド音楽に傾倒するとともに、電子オルガンなどを即興的に多重録音した「ア・レインボウ・イン・カーヴド・エア」（1968）へと進むが、細かい反復が幾重にも折り重なる夢幻的なこの作品は楽譜を持たず、ポピュラー音楽のような「レコード」として提出されている。

フィリップ・グラスは、パリに留学してナディア・ブーランジェに師事するなど典型的なエリート・コースを歩んでいたが、やがてインド音楽から影響を受けて、方向を転換。簡素な反復音型を時に縮小、時に拡大して、微妙にずれた拍の感覚を与える様式を開拓する。とりわけ演出家ロバート・ウィルソンとの共同作業による舞台作品「浜辺のアインシュタイン」（1976）は、それまでに培った音型反復のさまざまな様態を徹底的に展開し、のちの大規模なオペラや交響曲の土台となった作品である。

また、ラ・モンテ・ヤング（1935–）も、やはりミニマル音楽の作曲家と呼ばれるが、彼の音楽は先の三人のような細かい反復ではなく、インド音楽のドローンのように、限られた素材をとてつもなく長く引き延ばす点に特徴がある。こうした性格は最初期の「高電圧トランスの第二の夢」（1962）から、八〇年代の作品に至るまで基本的には変わりがない。

さて、これまでに紹介した作曲家たちには、顕著な共通点がある。同世代のアメリカ人であることはもちろん、いずれも学習期には名門大学で十二音技法をはじめとする作曲技術を学び、しかし保守本流の音楽家の道には進まなかったこと（ライヒとグラスは一時期タクシー運転手を務めている）。インドやアフリカの民族音楽に強く惹かれ、無調語法ではなく、旋法や周期リズムを使用した音楽を書くようになったこと。初期にはいずれも自作自演が主であり、必然としてその作品は非筆記的な色彩が強く（時には「レコード」を作品として提出し）、さらにはマイク（PA）の使用にまったく抵抗がないこと。

これらの点において、彼らの音楽語法や姿勢は、「現代音楽」の潮流をはみだし、六〇年代のロック・ミュージックやモード・ジャズとも共振をみせるものだ。

実際、ラ・モンテ・ヤングのグループに属し、初期にはドローン系の音楽を発表していたイギリス人作曲家ジョン・ケール（1942–）は、人気ロックバンド「ヴェルヴェット・アンダーグラウンド」のメンバーとして活躍し、民族音楽とミニマル音楽に強い影響を受けたドイツのペーター・ミヒャエル・ハーメル（1947–）は、現代音楽とロック、そしてヒーリング・ミュージックといったジャンルにまたがった活動を続けた。これらはミニマル音楽とポピュラー音楽の親和性の高さを示す例といえるだろう。

音楽のミニマリズムとほぼ同時期に、美術においても「ミニマリズム」の流れが興っている。

フランク・ステラ、ドナルド・ジャッド、カール・アンドレ、ロバート・モリスなどが、その代表的な作家ということになるが、美術におけるミニマリズムは「反復」よりも「素材の限定」に大きなアクセントが置かれている点は強調しておかねばならない。

しかしいずれにしても、ステラの「見えるものだけが見えるものだ（What you see is what you see)」という言葉に象徴的なように、従来の「内的な表現」を拒否する姿勢は、音楽とも明らかな並行関係を示すものだ。まさにミニマル音楽においても「聴こえるものだけが聴こえるもの」なのである。

「即興」というボーダー

これまで「シンフォニア」の中に見られるさまざまな要素を取っ掛かりにしながら、武満徹からミニマル音楽にいたる流れを見てきた。しかし、「シンフォニア」の中には稀薄ながらも、きわめて六八年的と言い得る要素が他にもいくつかある。そのひとつが「即興」だ。

この時期には、前衛ジャズと現代音楽が交錯した地点において、さまざまな即興演奏グループが生まれているのである。

嚆矢として挙げられるのは、ギタリストのデレク・ベイリー（1930–2005）によって一九六三年に結成されたグループ「ジョゼフ・ホルブルック」だが、残されたわずかな録音を聴く限りでは、この頃の彼らの即興は、あくまでもジャズ語法の中にある（ただしベイリーは、その後、より自由な即興へと進む)。

一方、一九六五年に結成されたイギリスの即興演奏団体「AMM」(キース・ロウ、エディ・プレヴォー、コーネリアス・カーデューなど)は、相当に様相が異なる。さまざまな楽器によってほぼ脈絡なく発せられるノイズ的な音は、既成の形式や物語性とは無縁であり、その音響からはメンバーそれぞれが瞬間の響きに耳を澄ませている様子が浮かんでくる。カーデュー以外はもともとジャズ系のミュージシャンであるが、しかし「ジャズ」とは明らかに異質な空気なのだ。

ローマで結成されたムジカ・エレクトロニカ・ヴィヴァ(MEV)は、フレデリク・ジェフスキ、アルヴィン・カランなど、「現代音楽」畑のメンバーが中心になり、そこに若干のジャズ奏者が加わったグループ。シンセサイザーやサックスが暴れまわる「スペースクラフト」(1967)、リリカルな響きが続く「金曜日」(1969)といった具合に、曲ごとのカラーがはっきりしており、より作品志向が強い集団即興といってよいだろうか。

六九年に結成された日本の「タージ・マハル旅行団」は、作曲家の小杉武久(こすぎたけひさ)を中心に、専門家と非専門家が同居した団体。アルバム「一九七二年七月十五日」(1972)は、その名の通りこの日の即興を記録したものだが、深いエコーの中、ドローン的な音響が続く点で、まさにインド音楽を思わせる特徴を持っている(ただし、グループ名にさしたる意味はないと小杉は述べている)。

これらのグループは、電子音響をライヴで用いること、フリー・ジャズとの接点を持っていることなどの共通点があるのみならず、作曲家・演奏家・聴衆という区分の、さらには「作品」や「形式」といった枠組みの再考を促す点において、この時代ならではの重要な現象であることは間違いない。

ただし、本書で何度も強調しているように、良くも悪くも、クラシック音楽、そしてその末裔たる現代音楽のひとつのメルクマールは、「楽譜」の存在にある。作曲とは楽譜を書くことであるという無言の前提こそが、このジャンルの輪郭と限界を定めてきたといってもいい。

集団即興の場合には、基本的に楽譜は存在せず、作品はあくまでもライヴ演奏の一回性の中で、あるいはそれを記録した録音という形で提出される。しかも「集団」という条件によって、音楽の作者性（署名性）は、きわめて稀薄なものとなっている。とすれば、音響結果そのものをパッケージ化して提出する電子音響音楽にもまして、集団即興は、クラシック音楽・現代音楽の境界領域に位置する音楽ジャンルなのだ。

シュトックハウゼンが一九六八年に発表した「七つの日より」は、こうした意味において、一見すると集団即興のようでありながら「現代音楽」にしっかりと留まった例といえる。この作品は短い文章が楽譜として記された一五曲からなるが、テキスト自体は「宇宙のリズムでひとつの振動を弾け」といったきわめて抽象的な文言にすぎない（ちなみに曲集の中の「金粉」では四日間の断食後に音を出すことが要求されている！）。

ゆえに奏者たちは、集団即興に近い状態に置かれることにもなるのだが、それでも、「楽譜」が存在し、シュトックハウゼンという作曲家が「作者」として君臨していることによって、その音響は「作品」という枠組みの中に回収されてゆくのである。

コミュニケーションと身体性

即興と連動して起こったことに、音楽コミュニケーションの再考、そして演奏者の身体性の復権がある。セリー音楽の場合のように、演奏者にコンピュータのような透明性・正確性を求めるのではなく、ひとりひとりの奏者が「会話」を交わしながら、固有の身体の存在をアピールするような音楽への志向。

ヴィンコ・グロボカール（1934-）は、なかでもきわめて重要な作曲家だ。彼は、一九六九年にはトロンボーン奏者として即興グループ「ニュー・フォニック・アート」を結成し、同年にはシュトックハウゼンとともに「七つの日より」の演奏に、さらにはのちに述べるカーゲル「エキゾティカ」の初演にも参加している。まさにこの時期を代表する問題作に内側から関わった人物なのだ。

彼は集団即興に関する短い論文の中で、個々の奏者の反応を「模倣する・合流する・ためらう・反対のことをする・違うことをする」の五つに分けているが、興味深いのは、これらは異なる文化圏に置かれたときに、我々が取り得る行動パターンでもあることだ。単に即興の分析にとどまらず、おそらくは人工的な多民族・多言語国家ユーゴスラヴィアで育った彼ならではの「コミュニケーション」に対する分析がここには開陳されている。

五本のオーボエのための「ディスクールⅢ」(1969) は、こうした思考がそのまま音楽化された作品だ。ボードレールの「万物照応」(「オーボエのようにやさしく」という一節がある) にインスパイアされたこの曲では、奏者たちは会話を交わすようにして、超絶技巧的なパッセージを交換するが、その中でまさにお互いが「模倣」し、あるいは「躊躇(ちゅうちょ)」し、「合流」する様子が描かれてゆく。

やはり多言語国家スイスに生まれ、すぐれたオーボエ奏者でもあるハインツ・ホリガー(1939–) の場合も、その作品は身体性とコミュニケーションを大きな主題にしている。たとえばオーボエ独奏のための「重音のための習作」(1971) では、循環呼吸 (鼻から息を吸いつつ、口から息を出すことによって、途切れずに延々と音を鳴らす) を用いながらあらゆる種類の重音が発せられ、ソプラノ九人がベケットのテキストの仏語、独語、英語ヴァージョンを一緒に歌う「カム・アンド・ゴー」(1977) では、コミュニケーションの不可能性が示されるといった具合である。

一方、アルゼンチンに生まれたマウリシオ・カーゲル (1931–2008) は、コミュニケーションと身体性を、演劇的な次元で展開した作曲家である。

カーゲルについての浩瀚な研究書を著したビョルン・ヘイルによれば、彼の音楽における

「迷宮、百科事典、カバラ的な概念や技術、奇妙なルールに支配された平行現実といった考え方」は、同国の文学者ボルヘスからの影響が強いという（実際、学生時代のカーゲルはボルヘスから直接、文学を学んだ経験がある）。なるほど、自分の作品を「器楽による演劇」と呼ぶ彼の作品は、ほとんどの場合、そうした重層的なレベルでの演劇的な仕掛けに満ちたものだ。

たとえば「パ・ドゥ・サンク」（1965）は、奏者が楽譜に沿って、舞台上を移動するというだけの作品。ただし歩く速度、リズム、杖をつくタイミングなどはきちんと指定されている。さらに「州立劇場」（1970）ではオペラを徹底的に茶化し、「エクゾティカ」（1972）では楽器奏者たちに、あえてまったく慣れていない民族楽器を演奏させる。

ドイツのハンス＝ヨアヒム・ヘスポス（1938–）、そしてギリシャ出身にしてフランスで活躍するジョルジュ・アペルギス（1945–）も、極限的な超絶技巧によって奏者の身体が演劇的に提示されるタイプの作品を書いている。前者の「ポイント」（1971）では、ほとんど金切り声のような混濁した音響が続く中で、そして後者による「レシタシオン」（1978）では一人の歌い手がきれぎれになった言葉を速射砲のように発する中で、不思議に演劇的な浮遊感が音楽を包んでゆく。

また、ドイツのディーター・シュネーベル（1930–2018）による「マウルヴェルケ」（1968–74）は、「発声」行為を楽曲の主題に据えた作品。ここでは呼吸、喉の用法、口腔の形、そして舌と唇、というように、身体の諸器官の内部から外部へと声が発せられてゆく過程が、そのまま作品化されているのである。

倍音の再発見――シェルシからスペクトル楽派へ

シュトックハウゼンの「シュティムング」は徹底した倍音唱法による作品だったが、倍音の上に自らの音楽を築きあげた特異な作曲家に、イタリアのジャチント・シェルシ（1905–88）がいる。

もともと十二音技法による作曲を手がけていたシェルシは、しかし東洋への傾倒、そして自身の精神的な不調の中で、ひとつの音による音楽という奇妙な構想にたどりつく。最初期の試み「四つの小品」（1959）の第1曲では、オーケストラが基本的には「ファ」のみを奏するのだが（厳密にはファ音から半音以内の範囲を上下する）、単調になるかと思いきや、一音の揺らぎの中から、豊かな倍音が立ち上がってくるではないか。

たしかにひとつの「ファの音」といっても、楽器によってその音色（倍音構成）は大きく異なるから、それらの倍音に焦点があてられるならば、ひとつの音で音楽的な起伏を作ることは十分に可能なのだ。これは、「音響」という概念をひとつの音だけに適用した状態ともいえる。

このアイディアは、「弦楽四重奏曲第4番」（1964）、合唱とオーケストラのための「ウアクザクタム」（1967）、そして日本人声楽家平山美智子（ひらやまみちこ）との共同作業による「山羊座（やぎざ）の歌」（1972）などにおいて、次々にその豊かな実現を見ることになった。

自然倍音列（矢印のついた音は平均律よりも低い／高い）.

彼の名は八〇年代に至るまで国外にはほとんど知られていなかったが、イタリアに滞在した機会にシェルシの音楽を知り、強い啓示を受けたのが、のちに「スペクトル楽派」と呼ばれることになる、パリ音楽院出身のトリスタン・ミュライユ（1947–）やジェラール・グリゼイ（1946–98）である。

彼らはセリー音楽とは異なる道を探す中で、シェルシの音楽に突き当たった。倍音列は、基音に対してもっともよく協和する音群であるが、とすれば、これまでの調性音楽における協和・不協和という概念を、倍音列上の協和音と、そこから外れる不協和音と読み替えることもできる（たとえば倍音列から考えると、短三和音はきわめて不協和だ。基音から短三度を成す音は倍音列の中になかなかあらわれないからである）。ここには、従来の調性・無調という二項対立の枠組みを越える可能性が潜んでいた。

ミュライユの初期作品「記憶／浸食」（1976）では、冒頭に提示されたホルンの音が、やがて他の楽器へと波及し、その倍音が徐々に増幅されて空間の中で飽和してゆく過程が示される（そのサウンドは以前に見たルシエの「私はある部屋に座っている」にも似ている）。

さらに彼は「ゴンドワナ」(1980) の冒頭において、鐘の響きを解析して得られた音響スペクトルをもとにして、オーケストラによって「鐘の音」を構成することを試みた。たとえば日本の寺の「ゴーン」という一突きの鐘の音の中には、一種類の音程だけではなく、さまざまな音程が層状になって反射している。ミュライユが考えたのは、各楽器によるさまざまな微分音(半音よりも小さな音程) を駆使しながら、こうした鐘の音の「厚み」を再現することだった。

同じように、ジェラール・グリゼイは「ペリオーデ」(1974) では「レ音」から、さらに「パーティエル」(1975) では、コントラバスの低い「ミ音」から倍音が次々にわきだしてくる様子を作品化する。特に後者は「スペクトル楽派」とは何かを耳で確かめる場合、もっとも分かりやすい例のひとつだろう。

この流れに属する作曲家の中でも、とりわけユニークなひとりに、ルーマニアのイアンク・ドゥミトレスク (1944–) がいる。彼は小オーケストラのための「アポジウム」(1972) や、コントラバス三本が捻(ね)じれた倍音を鳴らす「(神の中に) 動き、そして在る」(1978) などにおいて、金属的な倍音が震える独特の音響を開拓し、この方向で多くの作品を書くことになった(彼はブカレストに電子音楽スタジオを作ったメンバーの一員だが、たしかにその曲には電子音響的なニュアンスが常に感じられる)。

ドゥミトレスクのこうしたノイズ的な音感覚は、クセナキスの電子音響音楽「ペルセポリス」(1971) における鉄錆(てつさび)を帯びたような、あるいは金属を引っ掻いたような響きとも通底するものであり、その後、実験的ポピュラー音楽といえる「ノイズ・ミュージック」に影響を与えることになった。

また、アメリカのグレン・ブランカ（1948–2018）は、スペクトル楽派との直接的な関係こそないものの、エレキ・ギターを含む大音量のアンサンブルを用いた「交響曲第3番」（1982）などにおいて、高次倍音がたゆたう独特の音響世界を実現している。ロック方面から到達した倍音音楽といえるだろうか。

イアンク・ドゥミトレスク（1944–）.

政治による音楽、音楽による政治

一九六八年的な音楽のあり方とは、これまで自明と思われていた西洋中心主義や単線的な歴史観に疑義をさしはさみ、時には「不純」ともいえる雑多な要素を参入させる試みだった。

政治的な主張は、「不純」とみなされがちな要素の代表格だろうが、しかし六八年を経てみれば、あらゆる音楽が不可避に政治性をはらんでいることはもはや明らかだった。この中で作曲家や演奏家たちは、さまざまなやり方で政治と音楽の実践を交差させるようになる。たとえばアメリカの指揮者レナード・バーンスタイン（1918–90）の場合。

ミュージカル「ウェスト・サイド物語」(1957)の作曲家としても知られる彼は、早くから公民権運動にかかわり、すでに一九四七年には黒人コントラルト歌手マリアン・アンダーソンを、さらに一九五六年には黒人ジャズ奏者ルイ・アームストロングを、自らのオーケストラ演奏会の舞台にあげている。

その彼がベトナム戦争末期の一九七三年一月十九日、ニクソンの大統領就任式前夜に行った演奏会は、静かながらも雄弁な反戦運動として知られるものだ。

バーンスタインとマリアン・アンダーソン(1947).

この日、首都ワシントンD.C.では、ユージン・オーマンディ指揮フィラデルフィア管弦楽団がチャイコフスキー「一八一二年」を祝賀演奏することになっていたが、しかし同日、同じ市内のワシントン大聖堂において、バーンスタインはハイドンの「戦時のミサ」の無料演奏会を開く。すなわち、戦勝を祝う音楽に対して、平安を願うミサをぶつけたわけだ。結果、雨天にもかかわらず大聖堂には人があふれ、入り切れなかった多くの人は外部スピーカーから流れる演奏に耳を傾けたという(のちに手塚治虫(てづかおさむ)は、このエピソードを「雨のコンダクター」という短編マンガにしている)。

彼は、その後も日本で「広島平和コンサート」(1985)を

手塚治虫「雨のコンダクター」より. © 手塚プロダクション.

開催するとともに、一九八九年のクリスマスには、壁が崩壊したベルリンにおいてベートーヴェン「第九」を指揮して、冷戦終結後における平和のヴィジョンを示すことになる。

一方、即興グループAMMに属していたイギリスの作曲家コーネリアス・カーデュー(1936–81)は、「芸術が独自の神から賦与された才能によって作られるものだという、ブルジョワ的な芸術主義を拒絶」するためにグループを離れ、一九六九年には半ば素人からなる音楽集団「スクラッチ・オーケストラ」(1969–72)を結成している。メンバーのほとんどが音楽教育を受けていないため、カーデュー自身が孔子のテキストを参照して書いた「大学」(1971)などの図形楽譜による作品や、集団即興が主なレパートリーだったが、やがてこの団体は毛沢東主義の革命歌を工場に届けることをひとつの使命に据えることになる。すなわち、このオーケストラはカーデューにとって、音楽による政治運動、あるいは政治主題を持った音楽運動だった。

日本において、政治と音楽を重ね合わせた作曲家の筆頭としては高橋悠治(たかはしゆうじ)(1938-)が挙げられよう。前衛の旗手として出発した高橋は、やがて季刊誌『トランソニック』(1973-76)の発刊にたずさわったのち(この雑誌には、カーデュー、ノーノ、ジェフスキなど、政治にかかわる作曲家たちの文章が次々に翻訳掲載された)、一九七八年には「アジアの民衆の解放運動の空間のなかへ、私たちのしごとをときはなす試み」である「水牛楽団」を組織し、アジアの革命歌を演奏する活動を始める。

彼には直接的に政治的な主題を用いた作品も少なくないが(ピアノのための「毛沢東詩三首」〔1975〕、「光州一九八〇年五月」〔1980〕など)、ピアニカやチャンゴ、大正琴などを用いた水牛楽団という演奏団体は、その存在自体がゆるやかな抵抗を成している点で、独特の光彩を放つものといえよう。

Column　邦楽器と不確定性

六〇年代初頭に輸入されたケージの「不確定性」の思想は、思わぬかたちで日本の創作に影響を与えることになった。

それまで、拍子に束縛されない邦楽独特の時間感覚、あるいは尺八のようにピッチが不安定な楽器のための音楽を五線譜で記すことは難しかったが、しかし図形的な要素や、ある程度の「見はからい」を含んだ不確定性の楽譜は、そうした要素と親和性が高かった。

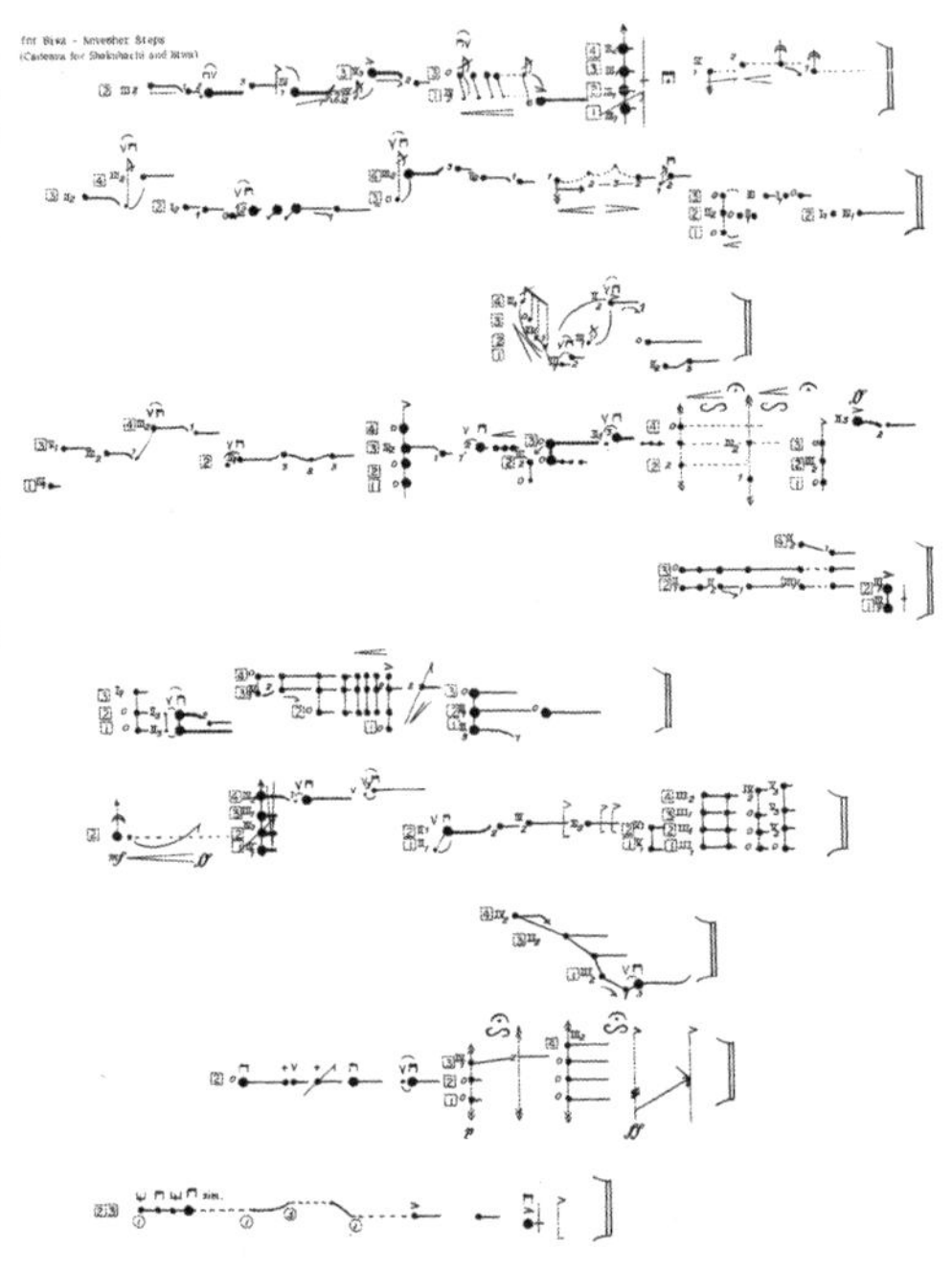

武満徹「ノヴェンバー・ステップス」(1967) 琵琶の楽譜 (一部). ©1967 by C. F. Peters Corporation.

かくして六〇年代には「邦楽器ブーム」が日本の創作界に訪れる。なかでも重要な作品に諸井誠（1930–2013）による、尺八独奏のための「竹籟（ちくらい）五章」（1964）がある。諸井はここで尺八という楽器特有の、揺れるようなヴィブラートやノイズ的な音色を逆手にとって、むしろ電子音響音楽を思わせる斬新な響きをこの楽器から引き出した。古典と前衛の融合という点において、鮮やかな成果というべきだろう。

この三年後にあらわれるのが、武満徹の「ノヴェンバー・ステップス」（1967）である。ここにおいても、邦楽器の独奏パートにはきわめて不確定的な記譜法（ゆえに、奏者によって響きはかなり異なる）が採用されている。どの音楽作品も、さまざまな潮流の交差点で生起していることをよく示す例だろう。

第7章　新ロマン主義とあらたなアカデミズム

「Less is more（少ないことは豊かなこと）」

建築家ミース・ファン・デル・ローエは、かつてこんな標語を掲げた。普遍性と合理性、そして機能性を追求するモダニズムの建築においては、種々の「余計な」要素は極限まで切り詰められるべきというわけだ。

しかし一九七二年、ロバート・ヴェンチューリはそれを「Less is a bore（少ないことは退屈だ）」と揶揄しながら、地域性や歴史性、そして象徴性といった、かつては冗長とされた要素が今や取り戻されるべきだと主張する。かくしてガラスとコンクリートの箱に象徴されるモダニズムから、さまざまな過去の建築物の引用や装飾を含むポストモダニズム建築への移行がクローズアップされるに至った。

音楽においても、ほぼ同じようなことが起こっている。

ウェーベルンから戦後のセリー音楽へと続く「冷たい」モダニズムの流れに対して、調性や拍節、そして表現や物語性のゆるやかな復活が、七〇年代後半から徐々に目立ってくるのである。もっとも、この流れが六八年の延長であることはあらためて強調しておかねばならない。その頃からポツポツと芽を出しはじめた兆候が、やがて誰の目にも分かるように顕在化したといったらよいだろうか。

こうした音楽様式は、ポストモダン建築の場合と同じく、一種の折衷主義ともいえる。二十世紀初頭以来、多様な手法やコンセプトが次々に積み重なっていった結果、作曲家は、次第に単一の「時代様式」の拘束から自由になってゆくのである。

ポストモダン様式を代表する建築のひとつ，チャールズ・ムーアの「イタリア広場」(1978).

調性と拍節の復活、あるいは無調語法の緩和

まず目立つのは、調性的な響きや拍節・反復の復活だ。第1章でみたように、無調と非拍節な構造は、「現代音楽」のメルクマールでもあるから、このことの意味は大きい。

ウェーベルンらの音楽をモデルにした無調様式は、長7度や増4度といった音程を注意深く積み重ねて、調を感じ

させる音の挙動が生じないように設計されていたが、こうした語法のモノトーンな響きに、多くの人は徐々に物足りなさを覚えるようになったのだろう。ゆえに、この時期に起こったことは調性の復活というよりは、特定の音程に偏りがちな無調語法からの離脱といった方が正確かもしれない。

拍節や反復についても同様のことがいえる。たとえば一九六四年には、ブーレーズは以下のように述べていた。

現代に近づくにつれて、私たちは何を観察することになるのか？　とりわけ感受性を覚醒状態に保とうとして、作曲家たちは、それらの手がかりを次第に非シンメトリックに、識別しがたくしていったのだ。（『ブーレーズ音楽論　徒弟の覚書』）

なるほど不均等な拍や音型は、一種の覚醒状態をもたらすだろうが、しかし「手がかり」なしで覚醒状態が続くとき、多くの聴き手は情報をうまくグルーピングできず、ただ茫然と音が通り過ぎるのを眺めることになる。かくして、前衛期を牽引していた作曲家たちは、少しずつ「手がかり」を自作の中に埋め込みはじめた。

ルチアーノ・ベリオはピアノとオーケストラのための「カーヴで見出す点」（1974）あたりを境にしてあからさまな音型反復を用いるようになり、ジェルジ・リゲティも二台ピアノのた

リゲティ「練習曲集第1巻」(1985) から「無秩序」.

めの「記念碑・自画像・運動」(1976) ではミニマル音楽を参照しながら迷宮的なリズムを採用したかと思えば、ピアノのための「練習曲集第1巻」(1985) では、複層的なリズムの反復を構造の基盤に据えた。

ブーレーズの場合ですら、チェロ合奏のための「メッサジェスキス」(1977) の中盤では、トッカータ的な音型が増殖するテクスチュアを採用している。明らかに時代は変わりつつあった。反復を用いることは、いくつかの音や音程を強調することに他ならないから、程度の差はあれ、必然的に調性/旋法的な性格を召喚することにもなる。

リゲティやブーレーズは、こうした「保守的」な要素とさまざまな新機軸を共存させようと工夫を凝らしているが、より直截(ちょくせつ)に調性的・拍節的な音楽を書く作曲家もあらわれはじめた。

その初期には噪音的なクラスター音楽で知られたペンデレツキの「ヴァイオリン協奏曲第1番」(1976) は——もちろん調性音楽とまではいえないまでも——ほとんどロマン派の協奏曲を思わせる息遣いを持っているし、同じくヘンリク・グレツキ (1933-2010) も、ゴツゴツした不協和音に満ちた作風から、「交響曲第3番」(1976) では完全な調性へと転じた (実際、この曲は、のちにイギリスのポップ・チャートで人気を得た)。

アメリカにおいて十二音技法を推し進めていたジョージ・ロックバーグ (1918-2005) は、「ヴァイオリン協奏曲」(1974) を境にして調性的な響きを取り入れはじめ、同じくアメリカのデイヴィッド・デル・トレディチ (1937-) は、ルイス・キャロルのテキストによる「チャイルド・アリス」（1981）において、ほとんどミュージカル的といってよい平易な様式を採用するに至る。

日本の場合もさして事情は変わらない。

武満徹は「調性というものにあまり目くじらを立てず、もっと寛容になって、もっと素直に受け入れていいのではないか」と表明しながら、一九八〇年、柔らかい響きに満ちた「遠い呼び声の彼方へ！」を発表。以後、基本的に彼の作風は、この延長線上で推移することになる。また、水野修孝（1934–）や三枝成彰（1942–）など、デビュー期には前衛的・実験的な作風を展開していた作曲家が「転向」を宣言する一方で、みずみずしい抒情を調性と無調の狭間で展開した「朱鷺によせる哀歌」（1980）で注目を浴びた吉松隆（1953–）は、音楽誌上で「現代音楽撲滅運動」（！）を展開するなど、前衛音楽批判の急先鋒となったのだった。

新ロマン主義と新表現主義

こうした動向は「新ロマン主義」「新しい調性」「新しい単純性」「ポストモダン」などさまざまな名で呼ばれており、それらは出自や力点の置き方が微妙に異なっているのだが、今のところ日本においてもっとも人口に膾炙しているのは「新ロマン主義」という名称だろう。

調性や拍節が少しずつ回帰している状態をあらわす場合に、この語はなかなか好都合なのだが、日本語では「ロマンティック」という語がかなり甘美な色合いを持っているために、この呼び名がうまく合わないケースも出てくる。

たとえば、ドイツのヴォルフガング・リーム（1952-）の作品は、しばしば「新ロマン主義」の代表とされているが、その響きはいささかも「ロマンティック」ではない。

初期の代表作のひとつ「弦楽四重奏曲第3番」（1976）は、切れば血の出るような激烈な響きと、不思議に静謐（せいひつ）な表現の交替からなっているが、この曲を、たとえば先の武満作品と比べてみるならば、「新ロマン主義」といってもまったく相貌を異にすることは明らかだ。

しかし、リーム作品がかつての前衛と少々異なっているのは、その「熱さ」と「表現」にある。さらにいえばその曲の細部は、以前であれば冗長とされていたさまざまなニュアンスに満ちており、概して演奏時間も長い。「少ないことは豊かなこと」というモダニズムの精神ではなく、熱い血が脈打ち、表現の意欲にあふれた音楽。その様態こそが、この場合には「新ロマン主義」的ということになろう。

同時期の美術における具象絵画への回帰が「新表現主義」の名で呼ばれていることは、なかなかに示唆的だ。

「新表現主義」（「ニュー・ペインティング」とも呼ばれる）という語は一般的に、七〇年代後半からあらわれた具象的な作品群を指す。ドイツのアンゼルム・キーファー（1945-）やアメリカのジュリアン・シュナーベル（1951-）などがその筆頭だが、抽象表現主義からミニマリズムに至る「図形としての絵画」ではなく、時に作者の感情を生々しく表出する点においては、リームらの音楽との類似を指摘できよう。

実際、リームがパウル・ツェランの詩集のタイトルを冠した「迫る光」(1976)において音響が慟哭するような強烈な表現を試みているのと同様に、キーファーもツェランの「死のフーガ」を題材にした「マルガレーテ」(1981)において、ナチ収容所の悲惨を厳しく断罪するのである。

ヴォルフガング・リーム(1952–).
写真：dpa／時事通信フォト.

オペラの隆盛――物語の復活

新ロマン主義的な潮流が拡がってゆくのとほぼ同時に、面白い事態が出来する。「オペラ」というジャンルの復活だ。

第二次世界大戦後、戦前との切断がきびしく求められた時代にあっては、オペラは大げさな表現と陳腐な物語に満ちた、十九世紀的、ブルジョワ的、頽廃的な音楽の象徴だった。

もちろん、ハンス・ヴェルナー・ヘンツェ(1926–2012)のように前衛期からオペラを書き継いできた作曲家も存在するが、七〇年代後半には、それまでオペラとはまったく無縁に見えた人々が、次々にこのジャンルを手がけるようになるのである。

たとえば一九七七年には、三人の重要な作曲家がほぼ同時に、彼らにとって最初のオペラを手がけている。

まずはベリオの「オペラ」（1977）。タイトルからも分かるように、これは一種の「メタ・オペラ」といってよい（彼の「シンフォニア」が一種の「メタ交響曲」であるのと同じように）。ゆえに物語は明快な輪郭を成しておらず、彼の得意とするコラージュ手法によって雑多な要素が並べられる。

リゲティ「大いなる死」（1977）.

一方、リゲティの「大いなる死」（1977）は、極度にグロテスクではあるものの、きわめて真っ当で伝統的なオペラだ。一貫してシュールレアリスム的な世界に共感を抱いてきた彼は、架空の国ブリューゲルランドにおける、世界の終末間際の乱痴気騒ぎを「エロ・グロ・ナンセンス」の横溢（おういつ）した、奇怪なブッファとして描いてみせる。

同じく、この七七年からシュトックハウゼンが制作を開始するのが連作オペラ「光」（1977–2003）である。「月曜日」から「日曜日」までの七部からなるこのオペラは、まとめて上演した場合には一週間（あるいはそれ以上）を要するという超巨大作品であるが、これ以降のシュトックハウゼンは、多くの器楽曲・声楽曲をこのオペラに流し込むパーツのようにして作曲を進めることになった。

さらに付け加えるならば、世代としては一回り上のオリヴィエ・メシアン（1908–92）が初めてのオペラ「アッシジの聖フランチェスコ」（1983）を手がけるのも、ほぼ同じ時期である。オペラは回心後のフランチェスコの歩みを追うオラトリオ的な体裁をとっているが、大管弦楽によるセクションの反復が延々と——鈍重なまでに——繰り返される様相は、作品自体が一種の宗教儀式を構成しているようでもある。

こうした「大家」たちのオペラへの取り組みが、ややぎこちなく始まったことは否めない。それは前衛期を通過した彼らの場合、オペラに手を染めるにはなにがしかの理由が必要だった。それはベリオのコラージュ、リゲティのナンセンス、シュトックハウゼンの総合、メシアンの宗教性といった、相当に極端な特徴として作品の中に刻印されている。

これに比べると、戦後世代は「最先端の音楽と演劇が交錯する地点」として、より自然にオペラの世界に足を踏み入れている。彼らにとって、オペラはタブーでも頽廃でもなく、むしろ種々の語法を総合的に生かす格好の場だった。

たとえばリームの「ハムレット・マシーン」（1986）。東ドイツの劇作家ハイナー・ミュラーの戯曲による作品だが、ここではシェイクスピア「ハムレット」を下敷きに、舞台上では三人のハムレット、レーニン、マルクス、毛沢東などが入り乱れ、音楽もそれに応じて激烈な無調、穏やかな調性、電子音響などが縦横無尽に用いられる。

イタリアのサルヴァトーレ・シャリーノ（1947–）の「ローエングリン」（1984）は、ワーグ

リーム「ハムレット・マシーン」(1986).

ナーの同名作品をもとにしたオペラ。ここで作曲者は、登場人物のエルザを精神病棟の患者に見立てながら、音数を極度に抑えた震えるような音響によって、夢と現実の狭間を描き出そうとする。

ちなみに、リームとシャリーノのオペラが、いずれもシェイクスピアやワーグナーといった「古典」を翻案したテキストに拠っていることは偶然ではない。オペラというジャンルが得意とする多義性・多層性は、古典を土台にした時にもっとも効率よく達成されるからだ。こうした意味において、オペラは本質的に、折衷的でポストモダン的な特徴を持ったジャンルといってよい。

ヨーロッパの前衛よりも少々遅れはしたが、ついにというべきか、あのジョン・ケージさえも「ユーロペラⅠ&Ⅱ」(1987)でオペラに参入する。もちろん、ケージのことだけあって、ただのオペラではない。ここでは、過去の名作の有名アリアがそのまま、易経によって「偶然に」並べられて、パッチワークのような様相を呈するのである。

ミニマル音楽は、もともと非表現・非物語的な様式の筆頭だが、逆にいえば、その無色透明な反復は、どんなものにもピタリと貼り付けることができる。こうした性質を利用して、ミニマル音楽の作曲家たちは反復と時事問題を直結させた新しいタイプの作品を作り出すことになった。

ジョン・アダムズ（1947–）の「中国のニクソン」（1987）は、ニクソンによる中国訪問を題材にしたオペラ。そんなものが題材になるのかと驚く人も多いだろう。作品内ではニクソン夫妻とキッシンジャーが周恩来（しゅうおんらい）や毛沢東と会談する様子をドキュメント風に描きながら、後半でニクソンの内面へと焦点を移す。さらに彼は「クリングホッファーの死」（1991）では、パレスチナ・ゲリラによるユダヤ人殺害事件（「アキレ・ラウロ号事件」）を題材に据えた。むしろゲリラ側の心情に寄り添ったその台本は、結果としてアメリカでは大きなスキャンダルを引き起こすことになる。

ジョン・アダムズ「中国のニクソン」（1987）.

フィリップ・グラスの「サチャグラハ（非暴力抵抗）」（1980）は、南アフリカ時代のガンジーを描くオペラ。音楽は一貫して単調な反復を示すが、トルストイ、タゴール、キング牧師がそれぞれの視点からガンジーを眺める構造はきわめて立

スティーヴ・ライヒ「ザ・ケイヴ」(1993).
写真：Bunkamura.

体的だ。続く「アクナーテン」(1983)は、古代エジプトに実在したファラオを題材にしており、台本にはヘブライ語、アラム語、古代エジプト語、英語、ドイツ語が混在する。この場合には、ミニマル音楽の持つクールな性格が古代の叙事詩と結びつけられているわけだ。

　また、実際の画家の手紙を引用しながら、十七世紀のオランダの政治史を描くルイ・アンドリーセン「フェルメールの手紙」(1999)も、こうした例のひとつといえよう。演技を伴う「オペラ」ではないものの、ミニマル音楽の大御所スティーヴ・ライヒも「ザ・ケイヴ」(1993)において、現実のパレスチナ問題を取り上げている。作曲者によれば「ドキュメンタリー・ミュージック・ヴィデオ・シアター」であるこの作品では、舞台上で歌手を含む生演奏と映像が交錯する。作品の基盤を成すのは、イスラエル、パレスチナ、そしてアメリカで実際に行われたインタビュー映像。そこでは市井の人々に、旧約聖書の創世記にあらわれる人物をどのように思うか(たとえば「あなたにとってアブラハムとは?」)が問われるのだが、ライヒは彼らの音声を平均律の旋律に置き換え、淡々と模倣、反復、増幅してゆく。結果として、三つの場所における回答の差異が鮮やかに可聴化されることになるのである。

CDの登場――音楽地図の更新と「古楽」の出現

創作の変動が進むなか、音楽メディアにも大きな変革があった。CDの登場である。一九八二年に登場したこの一二センチの円盤は、予想を超えるスピードで普及し、早くも五年後にはLPレコードの生産数を追い抜いてしまった。メディアの変化は、常に音楽の「内容」にも影響をもたらしてきたが、CDの登場は、おそらくはポピュラー音楽以上に、クラシック音楽の世界を変えたように思われる。

A面・B面をひっくり返すことなしに、一時間以上中断なしで大曲を聴くことができるだけでなく、向上したSN比（信号対雑音比）や幅広いダイナミックレンジは、マーラーの大編成交響曲などを鮮やかに鳴らすことを可能にした。

より重要なのは、制作・流通・保存コストがLPレコードより安いこともあって、多種多様な楽曲が録音されるようになったことだ。「名曲」偏重だったクラシック音楽のレパートリーは、かくして徐々に中世・ルネサンス音楽、現代音楽、さらには古典派やロマン派のマイナー作曲家にまで拡張され、我々の歴史認識を大きく拡げることになった。

時をほぼ同じくして、バッハの音楽をその時代の楽器や演奏様式で、ベートーヴェンの音楽をその時代の楽器や演奏様式で演奏する「古楽ブーム」が到来する。

バロック音楽を手がけていたニコラウス・アーノンクールが、そのレパートリーを徐々に古典派にまで拡大していったのをひとつの嚆矢として、一九七八年からはクリストファー・ホグウッド指揮エンシェント室内管弦楽団による、記念碑的な「モーツァルト交響曲全集」の録音がはじまった。

CD時代に入ると、この流れは一気にベートーヴェンの交響曲全集に波及し、八〇年代には、ハノーヴァー・バンド、ホグウッド指揮エンシェント室内管、ロジャー・ノリントン指揮ロンドン・クラシカル・プレイヤーズによる全集などが矢継ぎ早に発売されるに至った。

ガット弦を用いた弦楽器、そしてバルブやキーのない管楽器といった「ピリオド楽器」（古楽器）を用いて、ロマン派的に彩色された作品像を洗いなおす作業は、多くの聴き手に新鮮な驚きをもたらすことになる。きびきびとしたテンポ、抑制されたヴィブラート、きっぱりとした強弱の対比などの点において、彼らの演奏様式は、重厚な滑らかさを持ち味にしていたカラヤン的な演奏を、瞬く間にオールドファッションにしてしまった。

指摘しておかなければいけないのは、このブームの基底には、六八年以降に前景化された「進歩への懐疑」が潜んでいることだ。

たとえば金管楽器は、バルブが開発されることによって、さまざまな音程を容易に奏することが可能になったが、その一方で、かつての音色は失われた。もしもあらゆる楽器が「進歩」と同時に、何かを失っているとすれば、それは本当に「進歩」なのだろうか——。古楽ブームは、音楽の世界にこうした問いを突きつけるものだった。

もっとも、過去に近づくことはできたとしても、当時の演奏様式を完全に蘇らせることは不可能だ。ゆえに音楽学者リチャード・タラスキンは、この運動を、実は「我々がかつて居たことのない場所への旅」なのだと論じる。この意味において、古楽ブームは復古主義のように見えながらも、むしろきわめてモダンな動向ともいえるだろう。

ペレストロイカと「解凍」された作曲家たち

八〇年代に入って、冷戦の一方の極である大国ソ連は、大きく揺れはじめた。すでに「ユーロコミュニズム」の名のもとに、西側諸国の共産党は軒並みソ連と距離を取りはじめ、さらには社会主義国であっても、中国やルーマニアは公然と反旗を翻すようになっている。アフガニスタンへの軍事侵攻（1979–89）が国際的に非難を浴びると、ソ連は孤立の道を強いられることになった。

こうしたなか、一九八五年に書記長に就任したミハイル・ゴルバチョフは「ペレストロイカ（再構築）」政策を掲げ、市場経済の導入や選挙制度の見直し、そして情報公開などを推し進めながら、アメリカをはじめとする西側諸国と友好関係を結ぶ手段を模索しはじめる。

この時期に音楽界で大きな役割を果たしたのがギドン・クレーメル（1947–）である。ソ連邦に属するラトヴィア出身のクレーメルは、一九八〇年に西ドイツへ亡命し、翌年から「ロッケンハウス音楽祭」を主宰。この音楽祭や数々の録音において、彼は西側には知られていなかったソ連作曲家たちの仕事を、独特の鑑識眼で紹介してゆくことになる。

こうした作品群は、社会主義下における要請と現代語法の探求を共に満たそうとする困難な試みのなかで、「自由な」西側の創作とは異なる魅力を発散するものとして、さらには変わりつつあるソ連の姿を象徴するものとして、好意的に受容されることになった。その作風が新ロマン主義的な動向と、ある程度は呼応していたことも、人気を得たひとつの要因だろう。それは周回遅れがいつの間にかトップに躍り出たような、不思議な光景でもあった。

ギドン・クレーメル（1947–）.

最初に注目を浴びたのはアルフレート・シュニトケ（1934–98）である。若い頃には体制側と衝突を重ねながら（彼の「交響曲第1番」は初演後すぐに演奏禁止になっている）、主に映画音楽の仕事によって生計を立てていた彼は、プリペアド・ピアノ、バロック音楽、タンゴ、ジャズなどの雑多な要素を混ぜ合わせた「多様式主義」による「合奏協奏曲第1番」（1977）の録音がクレーメル独奏で発売されると、ほどなくして注目を集めはじめる。以後、八〇年代から九〇年代にかけてシュニトケの作品は世界的なブームとなり、ついには西側で全作品録音プロジェクトが企画されるほどの人気作曲家になった。

アルヴォ・ペルト（1935–）も、初期には十二音技法を用いた作品を発表してフレンニコフから批判され、中央からの仕事をほぼ失ってしまう。しかしプロテスタントから正教会へと改宗するなかでルネサンス音楽の研究に時間を費やし、「鈴鳴らし様式」と自身が呼ぶ、協和音が鈴のように連なる作風へと到達。一九八四年にECMレーベルから、クレーメルらの演奏によるアルバム「タブラ・ラサ」が発売されると、その奇妙なまでに静的で宗教的な作品群は、現代音楽ファンにとどまらない多くの聴き手を獲得することになった。

また、ソフィア・グバイドゥーリナ（1931–）も、一時期は国内におけるラジオ放送やスコアの公開が禁止されていた作曲家である。しかし、クレーメルのために作曲したヴァイオリン協奏曲「オッフェルトリウム」（1980）が西側で録音されると、前衛／保守という枠組みに収まらない強靭（きょうじん）な芯（しん）を備えた表現のありようが、大きな関心をよぶことになった。

アルヴォ・ペルト（1935–）.

トーン・クラスター（一六四頁参照）の場合と同じく、これらの作曲家が、ヴォルガ・ドイツ人自治共和国に生まれたシュニトケ、エストニアに生まれたペルト、そしてタタールに生まれたグバイドゥーリナといった具合に、いずれもソ連「辺境」の出身者であることに注意する必要があろう。

社会主義リアリズムになびくことをよしとしなかった彼らは、フレンニコフが君臨するモスクワの中央楽壇からは抑圧され、自らの文化背景を生かしたかたちで創作を続けるほかなかった。結果、期せずしてその音楽は独自の相貌を湛えることになったといってよいだろう。

「新しい複雑性」と特殊奏法の探求

ひとつの大きな潮流は、かならず反動を引き起こす。

面白いことに、新ロマン主義的なムードが広く支持される一方で、前衛の方向性をそのまま継承し、より複雑なセリー書法、より徹底した特殊奏法へと進んだ作曲家たちが、八〇年代を過ぎると急速に存在感を増してゆく。

このうち、イギリスのブライアン・ファーニホウ（1943–）を中心とする一群の作曲家は「新しい複雑性」と呼ばれている。セリー時代の「複雑」な音楽を「あらたに」志向する一群というわけだ。しばしば名が挙がるのは、マイケル・フィニシー（1946–）、ジェイムズ・ディロン（1950–）、クリス・デンク（1953–）といった人々。

ファーニホウは既に七〇年代からセリー主義による恐ろしく緻密な作品を書いているが、そのひとつの頂点といえるのがイタリアの版画家ピラネージの作品にインスピレーションを得た連作「想像の牢獄（ろうごく）」（1982–1986）である。

たとえばそのうちの「Ⅱb」の楽譜を見ると、いたるところで不均等な分割の連符が置かれるとともに、極端な音高の移動と強弱の変化、そして特殊奏法の指示などが綿密に書き込まれており、フルート独奏曲にもかかわらず紙面は黒々とした様相を呈している。

生身の演奏者が、これを完璧（かんぺき）に再現することは困難であり、その意味で、この精密な記譜は、

CARCERI D'INVENZIONE IIb

for Roberto Fabbriciani

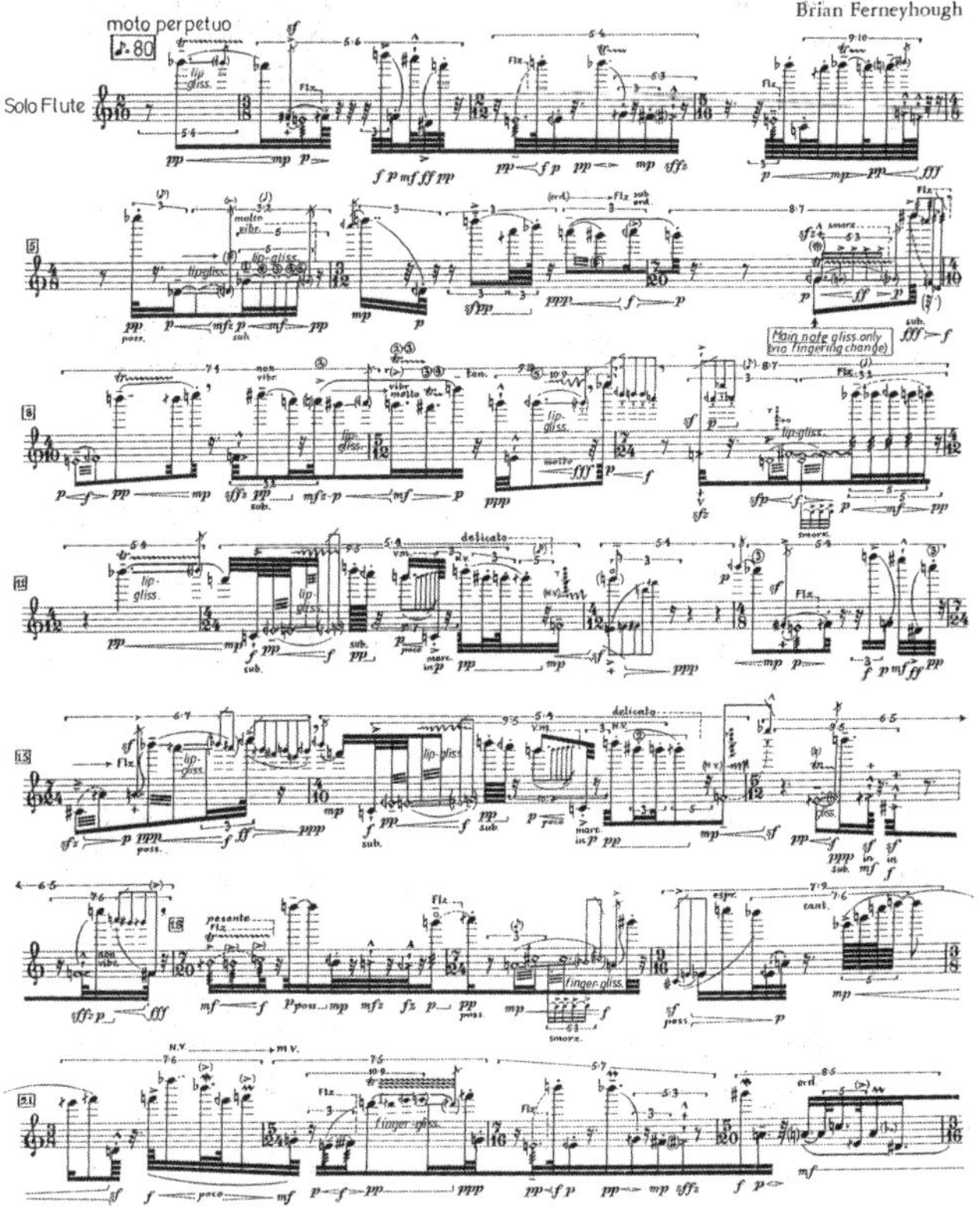

ファーニホウ「想像の牢獄　Ⅱｂ」（1982）．©1984 by Hinrichsen Edition, Peters Edition Ltd., London.

可能なかぎり接近すべき「理念」をあらわしているともいえよう（ファーニホウ自身そうした意味のことを述べている）。「新しい複雑性」の特質は、ゆえに、単に超絶技巧が展開されているというだけではなく、「作品としての楽譜」というクラシック音楽の理念を究極的に推し進めた点にも求められねばならない。

ちなみに、先に名を挙げた「新しい複雑性」の作曲家が、いずれもイギリス人であることは、少しばかり興味深い。ルネサンス期から二十世紀に至るまで一貫して調性的な響きが好まれたイギリスにおいて、彼らは意識的にその「檻」から逃れようとしたのかもしれない。ただし、ファーニホウらの音楽が熱狂的に受容されたのはダルムシュタットをはじめとするドイツ語圏であり、たとえばドイツ人作曲家クラウス・シュテファン・マーンコプフ（1962–）は、「新しい複雑性」をめぐる書籍の編著を手がけるなど、この潮流のスポークスマンとしての役割を積極的に果たすことになった。

一方、特殊奏法の徹底的な探求、すなわち新しい音素材の探求も活潑に行なわれている。シャリーノは、初期から特殊奏法を多用した作曲家だが、ヴァイオリンのための「六つのカプリッチョ」（1976）は、さまざまなタイプのハーモニクスを駆使した鈴虫の音のように儚い響きによって詩情にあふれたノイズを作り出し、独奏曲としては新たなスタンダードともいえる人気を獲得した。

彼はその後も弦楽器やフルートの新奏法を次々に開拓しているが、大作「海の音調への練習曲」(2000) では、独奏者たちの背後で百人のフルートと百人のサックスが一斉に特殊奏法で海や雨の音を模倣するという、破格の試みを成している。その壮絶な効果は、音だけを聴けば、誰もが特殊な電子音響を使っていると思うはずだ(シャリーノはキャリアの最初期に電子音響音楽に関わっている)。

声楽を中心にした特殊奏法作品で特筆すべきものには、ハインツ・ホリガーが十年以上をかけて書き継いだ連作「スカルダネッリ・ツィクルス」(1991) がある。「スカルダネッリ」とは、精神を病み塔にこもって暮らした十九世紀の詩人ヘルダーリンの筆名だが、その一見すると晴朗な詩の中に含まれたわずかな歪みを、ホリガーはさまざまな微分音と、語りから無声音にいたるあらゆる声楽書法を駆使した合唱によって、徹底的に増幅するのである。

IRCAM、そしてスペクトル楽派の継承

一九七八年二月、ロラン・バルト、ジル・ドゥルーズ、ミシェル・フーコーらが、ブーレーズとともに「音楽的時間」というテーマのシンポジウムをパリで行なった。(たとえばこのときドゥルーズは、ブーレーズ作品における時間は、あらゆる尺度から解放された「非脈動的時間」なのだと主張している)。

実は、このシンポジウムは前年にフランス政府が設立したIRCAM(フランス国立音響音楽研究所。一般に「イルカム」と発音される)という機関のスタートを祝う催しの一環である。

1978年のシンポジウムの際に撮られた写真．ブーレーズ（左端），バルト（左から２人目），フーコー（右から２人目），ドゥルーズ（右端）．

フランスの知性を代表するスターたちが集まっているあたりに、政府が自国の音楽文化政策の中心のひとつにこの機関を据えようとしていることが如実にうかがえよう。

これまで本章では、「新ロマン主義」と「新しい複雑性」という両極に代表される創作の諸相を追ってきたが、同時期におけるフランス現代音楽の流れは、こうした二項対立とはやや流れを異にしている。それは、端的にいってIRCAMの存在ゆえだ。

IRCAMは、コンピュータによる音響の解析や合成を手がけるとともに、リアルタイムで奏者に反応するソフトウェアを開発して、生演奏と電子音響のコラボレーション（こうしたフランス風のライヴ・エレクトロニクス作品を一般に「ミクスト作品」と呼ぶ）をさまざまな角度から探求してゆくのだが、その成果として初代所長ブーレーズ自らが提出したのが、「レポン」（1981）である。

この作品は六人の独奏者、室内オーケストラ、そしてエレクトロニクスという編成によるものだが、目玉はIRCAMで開発されたコンピュータ「４X」を用いて、独奏者の音をリアルタイムで加工し（反復、遅延、空間移動など）、スピーカーから放出する点にある。かつての電子音響音楽があらかじめ録音した素材に頼らざるを得ないのに対して、ここではコンピュータと人間が「共演」を果たすわけだ。

ＩＲＣＡＭは、世界の若い作曲家たちに広く門戸を開き、半年や一年といった期間の研修コースを設けて、エンジニアたちとの共同作業によるミクスト作品の基礎を伝授することになった。すなわちこの施設は、研究機関であると同時に教育機関でもあり、さらにいえばフランス音楽の普及機関としての役割も果たしているわけである。

IRCAM の外観（主要部分は地下にある）.

もともとはブーレーズのセリー音楽に対して反旗を翻していたミュライユやグリゼイさえも、一九八〇年にＩＲＣＡＭでの研修に参加すると、倍音構造をもとにした自らの音楽様式とこの機関の研究がシンクロナイズすることに気づく。結果として、とりわけミュライユは急速にこの機関に接近し、「崩壊」（1983）では生楽器と電子的な合成音響を共に用いることになった。

ブーレーズの次世代のフランス人作曲家では、フィリップ・マヌリ（1952–）のピアノとエレクトロニクスのための「プリュトン」（1988）が重要な作品といえよう。この曲は、その後世界的に普及するソフトウェア「MAX」の原型を用いたものだが、ピアノの鋭い音型と、リアルタイムでそれに反応し、変調を行なうコンピュータ部との緊張感あふれる対話は、その後のIRCAM作品のひとつのひな形となった。

フランス人以外の作曲家としては、ポルトガルのエマヌエル・ヌネス（1941–2012）、スイスのミカエル・ジャレル（1958–）、イギリスのジョナサン・ハーヴェイ（1939–2012）、イタリアのイヴァン・フェデーレ（1953–）、そしてフィンランドのカイヤ・サーリアホ（1952–）などが、いずれもIRCAMでの経験を自作にフィードバックさせているが、ほかにもこの施設とかかわりのある作曲家を挙げれば、枚挙に暇（いとま）がない。

IRCAMが、ヨーロッパの現代音楽界に大きな影響を与えたことは間違いない。ただし一方で、強力な理論的波及力を持つ機関だけに、ここでのメソッドを下敷きにした似たような外観の作品が次々にあらわれたことも、また否定できない。とりわけパリ音楽院とIRCAMの連携は、「フランス現代音楽アカデミズム」といってもよい、太い柱として現在にいたるまで機能することになった。

一方で、IRCAMと緩やかに関係しながらも、こうしたアカデミズムとは距離を置いて独自の形で倍音構造を用いる作曲家もいる。

ブカレストに生まれたホラチウ・ラドゥレスク（1942–2008）は、シュトックハウゼンの「シュティムング」などの影響から倍音を用いた音楽を試行しはじめた作曲家である。彼がI

RCAMでの研修を経て発表した、弦楽器独奏のための「別人格」(1983)は、それぞれの弦から第8倍音以上の音を常時引き出して超高音の揺らめきを作る作品だが、そのどぎつい色彩と執拗(しつよう)な時間感覚は、同じく倍音を使ってはいてもスペクトル楽派とは様相を異にしている。さらにピアノ協奏曲「クエスト」(1996)において、彼は微分音によるグシャッと崩壊したような響きをルーマニアの民俗音楽と重ね合わせ、ほとんど類例のないタイプの音楽を提出してみせた。

ホラチウ・ラドゥレスク(1942–2008). ©Image courtesy Lucero Print and the Horatiu Radulescu Archives. Photographer: unknown.

ゲオルク・フリードリヒ・ハース(1953-)も、九〇年代初頭にIRCAMの研修に参加して、非平均率の揺らぎを追求するに至った作曲家である。しばしば「夜想曲的」と評されるその音楽世界は、夜、ロマンス、異邦人といった、ロマン派的なテーマを、はかない音響によって描き出す点に特徴がある。たとえば「弦楽四重奏曲第1番」(1997)は、四本の弦楽器の計一六本の弦にそれぞれ特殊なチューニングを施すことによって、独特の効果を得る作品。旋律らしきものはほとんどあらわれないのだが、全篇にわたってひとつの音響体が変容を遂げてゆく過程は、悪夢を見ているような独特の聴体験をもたらす。

「短い二十世紀」の終焉と前衛の危機

一九八九年十一月九日、ベルリンの壁が崩壊。翌年には東ドイツが西ドイツに編入される形で、ドイツは再統一を果たす。

これと前後して、ポーランド、ハンガリー、ブルガリア、チェコスロヴァキア、ルーマニアでは次々に民主化運動が成功をおさめ、「東欧」という政治的な枠組みは無効になった。さらに一九九一年八月にはエストニア、ラトヴィア、リトアニアの、いわゆる「バルト三国」がソ連から離脱。そして同年十二月、大統領ゴルバチョフが辞任し、ついにソヴィエト連邦は解体した。二十世紀後半を決定的に支配していた「冷戦」は、こうして意外なほどあっけなく終焉を迎えたのだった。

歴史家エリック・ホブズボームは、二十世紀の実体を、第一次世界大戦の勃発した一九一四年、そしてソ連崩壊の一九九一年という二つの年がブックエンドのようにして挟みこんでいる時代、すなわち「短い二十世紀」に求める。このアイディアは、多くの人にとって納得のいくものだろう。

では、ブックエンドの外側に出た時、創作の世界で何が起こっただろうか。

かつて「東側」に属していた芸術家たちは、国家による干渉から逃れて、自由に活動することが可能になった。その意味で、こうした民主化は、とりあえずは「良いこと」に違いない。ただし、それは彼らが国家の身分保障から外れることをも意味したから、旧体制の中でのみ評価されていた音楽家たちには、資本主義社会の中で生き延びるという新しい困難が課せられることになった。

一方、「西側」の音楽家たちには――同じ市場に多くのライバルが参入したことを除けば――さしたる変化がないようにも見える。

しかし、前衛的な創作を手がける作曲家にとって、これは明らかにひとつの危機だったはずだ。というのも「自由」を標榜(ひょうぼう)する前衛音楽は、「不自由」な環境が消滅したときに、その意義が稀薄化してしまうからである。自由という概念は、相対的なものなのだ。

クラシック音楽の歴史においては、多くの場合、その「不自由」は過去の音楽の謂(い)いであった。ベートーヴェンの後の世代は彼を乗り越えて自由になろうとしたし、ワーグナー後の世代も同様の自由を求めた。そしてシェーンベルクは、近代の音楽を支えてきた「調」という不自由から、ストラヴィンスキーは「拍節」という不自由から逃れようとした。

一方、「短い二十世紀」には、全体主義国家が特定の様式を創作に課すという事態が生じたから、芸術の自由という概念は、きわめて強い政治色を帯びることになった。戦前のナチス時代に対する「戦後」の自由、ソ連型の社会主義リアリズムに対する「西側」における自由はその最たるものだろう。

ちなみに、こうした観点からいえば、新ロマン主義が「前衛様式に対する自由」であったことは明らかである。元来は自由を求めて開拓された無調や非拍節的な音楽は、しかし一部の作曲家にとっては大きな抑圧として機能するようになっていたわけだ。かつて筆者は、六〇年代を過ごした年長の作曲家たちから、「あの頃は前衛的でなければ許されない雰囲気があり、自分もいやいやそんな曲を作っていた」といった類の述懐をしばしば耳にした。してみると、彼らもまた、無調や前衛からの自由を勝ち取るために、新ロマン主義的な音楽を選択したということになろう。

しかし、ナチス時代は過去のものとなり、「東側」の崩壊とともに社会主義リアリズムという不自由もヨーロッパからはほぼ姿を消した。さらには前衛様式さえも、ひとつの選択肢として相対化されてしまった。

もちろん芸術に対する抑圧が世界から消滅したわけではない。ただし、多くの場合、それは誰もが目に見える不自由としてではなく、微細に個別化され、空気のようにあたりに遍在する抑圧へと形を変えてしまった。ゆえに現代の前衛芸術家に必要なのは、このミクロな不自由を見出し、それに抗う方策を探す知性といってよいだろう。

「アジア」のアイデンティティとオリエンタリズムの罠

日本において六〇年代に邦楽器を使った作品が次々にあらわれたことについては、すでに述べた。では、その後、アジアや日本のアイデンティティを現代音楽はどのように扱ってきたただろうか。

おそらくキーワードは「抽象化」ということになろう。アジア的な要素を何らかの手段で抽象化した作品が増えてくるのである。

やや時代は遡(さかのぼ)るものの、アジア的な作曲の嚆矢といえるのが日本統治下の朝鮮半島に生まれたユン・イサン（尹伊桑、1917–95）だ。彼の作品においては、民族楽器や民謡が用いられることはないが、しかし「礼楽（レアク）」（1966）などでは「主要音」技法と彼自身が呼ぶ様式が採用されている。これは一本の太い旋律（主要音）を中心におき、そこに副次的・装飾的な音を配置してゆくというものだが、その音楽のありようが西洋の弁証法的原理と異なっていることは自明だろう。かくしてユンは、アジア人作曲家としては最初に、ヨーロッパの音楽界で地歩を築くことになった。

ユン・イサン（1917–95）．写真：picture alliance／アフロ．

ちなみにユンの歩みには二十世紀の政治史が深く刻印されている。彼は、韓国を出たあと、やはり分断国家であった西ドイツを拠点に活動を展開。しかし北朝鮮（朝鮮民主主義人民共和国）政府との親密な関係ゆえに、一九六七年には韓国のKCIAにスパイ容疑をかけられて拉致(らち)され、ソウルへ強制送還されてしまう（この時、ストラヴィンスキー、ヘンツェ、リゲティ、シュトックハウゼンらを含む各国の音楽家たちが、ユンの釈放を求めて声明を発し、韓国政府に強い圧力をかけたのは音楽史における感動的な一コマだろう)。釈放後のユンは西ドイツに帰化し、遠くヨーロッパから韓国の民主化と朝鮮半島の統一を望むことになった。結果として、晩年に書かれたカンタータ「わが祖国、わが民族よ!」(1987)では、ほとんど社会主義リアリズムといってよい平易な語法が採用されている。

ベルリンでユンに作曲を学んだ細川俊夫(1955-)は、東洋的な時間感覚とホリガーやラッヘンマンなどに範をとった前衛的な音楽語法を共存させて、日本人としては過去に例のない成功をヨーロッパで収めることになった。きわめて堅い響きが、東洋的な間によって断ち切られるクラリネット、チェロ、ピアノのための「ヴァーティカル・タイム・スタディI」(1992)は、そうした作風をよく示す例だろう。細川はその後、能に題材を採った「松風」(2011)など、オペラの中で東洋的な現代音楽のあり方を模索することになる。

やはりユンに影響を受けた西村朗(1953-)は、自らを「東アジア」の作曲家という枠組みの中に位置づけ、ヘテロフォニー(微妙にずれた旋律の束による音楽)技法を徹底的に探求した。二台のピアノが発するドローン(持続音)にオーケストラの響きがまとわりつく「二台のピアノと管弦楽のヘテロフォニー」(1987)は、その圧倒的な成果といえる。

一方、中国に生まれた譚盾(1957-)は、文革時の下放政策によって過ごした農村で出会った伝統的な音楽要素を、自作の中で過激なまでに展開して注目を浴びた。八六年からはアメリカに渡り、インド、チベット、モンゴルなどの音楽様式を混合したオペラ「マルコポーロ」

(1994) などを発表。その後の彼は香港の中国返還式典のために書いた「交響曲1997「天・地・人」」(1997) を経て、映画「グリーン・デスティニー」(2000) でアカデミー賞作曲賞を得るなど、商業音楽でも成功をおさめている。

譚と同じく文革世代の中国人作曲家としては、フランスで活躍する陳其鋼(チェンチーガン) (1951−)、アメリカで活躍する陳怡(チェンイ) (1953−) らが国際的に知られているが、その音楽は中国の伝統を思わせる素材を用いながらも、一種のムード音楽的な方向へ向かっているように見える。

このほかにも、現在、アジアの作曲家は次々に世界市場に進出しており、こうした活動がヨーロッパの閉鎖性に風穴をあけ、現代音楽の可能性をさらに切り開いていることは間違いない。しかし一方で、アジア的な創作という戦略を取る限りにおいて、エドワード・サイードの『オリエンタリズム』が指摘するような意味での、根源的な危険をはらまざるを得ないことも事実だろう。

タン・ドゥン (1957−). 写真：ロイター／アフロ.

それは西洋人のアジアに対する視線を内面化することによって――西洋というポジに対する、ネガとしてのアジア――むしろアジアの文化的従属化が進行するという危険である。

もっとも、単にフランス風、ドイツ風の音楽を書くのであれば、それもまたヨーロッパ従属に他ならず、この陥穽から逃れることは簡単ではない。現代のアジア人作曲家には、その狭間でどのようなアイデンティティ・ポリティクスを展開し得るのかという難問が必然的に課されている。

Column 日本人作曲家のさまざまなアイデンティティ

本文では触れられなかったが、とりわけユニークな活動を展開している、世代の異なる三人の日本人作曲家を紹介しておきたい。

近藤譲（1947–）は、アメリカ実験音楽というルーツを持ちながら、一貫してオリジナルな方法論を発展させてきた作曲家。肉体的な運動性とは齟齬をきたすような、奇妙にギクシャクしたその音楽時間は、ヴィジュアル・アートにも近い感覚をもたらすものだ。

三輪眞弘（1958–）は、ベルリンでユンに師事したが、まったく異なる作風へ進んだ。彼自身が「逆シミュレーション音楽」（外界の事象をコンピュータでシミュレートするのではなく、コンピュータ内部のアルゴリズムを人間が可聴化、可視化する）とよぶ作品群は、音楽と人間に関する根源的な思考へと我々を導く点で、他に類例がない。

より若い世代の川島素晴（1972–）は、カーゲルらの影響下から、演劇、笑い、身体といった問題を一貫して追求してきた作曲家。その作品は、精緻な書法と、時にはギャグ的な演劇要素が共存する点で突出した個性を備えている。

第8章　二十一世紀の音楽状況

哲学者ヴァルター・ベンヤミンはその最晩年に、自らが所有していたクレーの絵画「新しい天使」を引き合いに出しながら、「歴史の天使」という不思議な概念を提出している。

彼〔歴史の天使〕は顔を過去の方に向けている。私たちの眼には出来事の連鎖が立ち現われてくるところに、彼はただひとつの破局（カタストローフ）だけを見るのだ。その破局はひっきりなしに瓦礫（がれき）のうえに瓦礫を積み重ねて、それを彼の足元に投げつけている。きっと彼は、なろうことならそこにとどまり、死者たちを目覚めさせ、破壊されたものを寄せ集めて繫ぎ合わせたいのだろう。ところが楽園から嵐が吹きつけていて、それが彼の翼にはらまれ、あまりの激しさに天使はもはや翼を閉じることができない。（『歴史の概念について』）

ここでベンヤミンは、歴史の進歩や連鎖から外れてしまった物事の破片、そして、それらが繋ぎ合わされることによって生じたかもしれない別の物語に思いを馳せている。

同じように、現代において、単純な進歩やなめらかな物語には回収されない、さまざまな契機をはらんだ音楽を書き続けてきた作曲家のひとりに、ヴィンコ・グロボカール（1934-）がいる。「短い二十世紀」のあとの状況を考えるにあたっては、まさに「歴史の天使」というタイトルを持つグロボカール作品の検討から始めてみたい。

パウル・クレー「新しい天使」.

グロボカール「歴史の天使」

グロボカールに関しては、第6章で「身体性」に関わるかたちで既に名を挙げたが、スロヴェニア人移民の子としてフランスに生まれた彼は、二〇一五年のインタビューにおいて自らの経歴について次のように語っている。

私は十三歳までフランスで育ち、その後にユーゴスラヴィア（リュブリャナ）に移りました。二十一歳でパリに戻り、三十歳で今度はドイツに、そして四十二歳でアメリカに行きました。後にはフランスに戻りましたが、同時に毎週フィレンツェにも通っていました。そして現在はベルリンに住んでいます。つまり私は遊牧民（ノマド）というわけで、コミュニケーションの問題にはいつでも敏感にならざるを得ないのです。

かつては米ソの対立さえなくなれば平和が訪れると誰もが思っていたわけだが、実際に起こったことは、冷戦の中で抑え込まれていた、民族や宗教をめぐる闘争の顕在化だった。その状況を象徴するのが旧ユーゴスラヴィアである。「七つの国境、六つの共和国、五つの民族、四つの言語、三つの宗教、二つの文字、一つの国家」と形容されたこの多層国家は、一九九〇年から次第に解体を始め、その後はスロヴェニア、クロアチア、セルビア、ボスニア・ヘルツェゴヴィナ、コソヴォ、マケドニアなどほぼ全域にわたって、次々に悲惨な紛争を経験することになった。

単線的な進歩の概念に駆動された「二十世紀」が終焉を迎えた時、こうした祖国を持ち（彼は今でもスロヴェニアに家を所有している）、他者とのコミュニケーションを常に創作の主題に据えてきたグロボカールにアドバンテージが生じるのは、当然ともいえよう。

「何らかの具体的な物語を音楽化したもの」だという彼の作品においては、しかし物語の詳細が明らかにされることはない。ただ、それが常に移動、移民、亡命、弾圧、不自由……といった事柄をめぐる物語であることは間違いなく、必然として作品は強い政治的色彩を帯びている。

二群のオーケストラとテープ、サンプラーによる「歴史の天使」（2004）は、タイトルからも明らかなように、まさにベンヤミン的な風景を念頭において作られた作品だ。とりわけその第1部「崩壊」は圧巻というほかない。

冒頭、突然にスロヴェニア民謡の録音が聴こえてくる（グロボカールが民謡素材をそのまま使うのは異例だ）。二群のオーケストラはそれを切断しようとしてギクシャクともがくが、息はまるで合わない。背後では打楽器の連打が響き渡り、やがてわき起こるシュプレヒコール、調子外れのマーチ、何の音か判然としないノイズ、電子音……。ほとんど絶望的な混濁であると同時に、どこか甘い郷愁を含んだ音の瓦礫がここにはある。

ヴィンコ・グロボカール（1934–）.

この「歴史の天使」を特徴づけているのは、ベリオ的な「コラージュ」、すなわち諸要素の洗練されたスーパーインポーズではない。それはむしろ捨てられたおもちゃ箱のような、あるいは場末のサーカスのような乱雑であり、だからこそ根底に不思議なノスタルジーが感じられるのだろう。

このあとも彼は「亡命者Ⅲ」（2015）において、俳優ブルーノ・ガンツをナレーターに据えて、同様の音風景を提出しているが、ガンツは、ベルリンの壁崩壊の予感ともに撮られたヴィム・ヴェンダースの映画「ベルリン・天使の詩」(1987)において、主役の天使を務めた人物でもある。おそらく新世紀に入ってからのグロボカールは、歴史の天使について考え続けているのだろう。

ヴィム・ヴェンダース「ベルリン・天使の詩」(1987).

編曲とシミュレーショニズム

後ろ向きに飛ぶ天使の姿は、同時に、二十世紀末から顕著になったひとつの奇妙な傾向を連想させる。それは音楽史における過去の作品の編曲、改作、補筆、注釈である。

その二つの源流として、シュネーベルによる「リ・ヴィジョネン(改訂、補正などの意)」シリーズ、そしてベリオによる編曲作品を挙げることができよう。

ディーター・シュネーベル(1930–2018)の一連の作品は、バッハからウェーベルンにいたるドイツ音楽やヴェルディ、ヤナーチェクらの音楽を編曲し、一種の再解釈を加えるものである。たとえば「シューベルト・ファンタジー」(1978)では、シューベルトのピアノ・ソナタ「幻想」の第1楽章がオーケストラによって断片化され、夢の中で溶解したような様相を呈する。ここでは「ファンタジー」としての性格が極度に強調されているわけだ。

ベリオも初期からさまざまな編曲を手がけているが、そのラインナップはモンテヴェルディ、ガブリエリ、ボッケリーニといったイタリア・バロックからビートルズにいたるまで多彩である。これらはやがて、シューベルトの未完の交響曲を補作した「レンダリング」（1990）などの大規模作品に発展、さらに最晩年の彼は、やはり終結部が未完であるプッチーニ「トゥーランドット」の補作（2001）を手がけるにいたった。

これら広義の「編曲」は、前衛的な書法がひとつの曲がり角を迎えたのちにあらわれた傾向といってよいが、その際に興味深いことが二点ある。

第一に音楽史の再検討が自国中心に行われるケースが多いこと。そして第二に、シューベルトやマーラーに代表されるような、かつては「冗長」とみなされることも多かった作曲家に注目が集まっていることである。

ドイツの作曲家ハンス・ツェンダー（1936–2019）によるシューベルト「冬の旅」のオーケストラ編曲（1993）も、そうした例のひとつだろう。単にピアノ伴奏をオーケストラに移し替えるだけではなく、ここでは原曲の旋律を生かしながら、時に無調の響きや特殊奏法を用いて、旅人の孤独が敷衍（ふえん）される。

もう少し下の世代に目を転じるならば、サルヴァトーレ・シャリーノ（1947–）もまた、常に創造と再創造の関係について考えてきた作曲家のひとりである。

すでに初期のピアノ作品「夜に」（1971）で、ラヴェルの「夜のガスパール」を徹底して変容させるというアイディアを用いていた彼は、八〇年代から九〇年代にかけてマショー、モーツァルト、ロッシーニなどの編曲、さらにはバッハ「トッカータとフーガ」のフルート独奏版（！）などの編曲を手がけはじめる。異様な半音階に満ちたイタリア・ルネサンス期のマドリガーレを器楽で演奏する「言葉のないジェズアルド」（2003）など、二十一世紀に入っても、

サルヴァトーレ・シャリーノ（1947–）.

その傾向は変わっていない。

ヴォルフガング・リーム（1952–）の場合には、シューベルトの「さすらい人 D.489」や、リヒャルト・シュトラウスの「あおい」の編曲など、この作業は明らかにドイツ・リートの歴史を振り返るかたちでなされている。注目されるのは、ブラームスの「四つの厳粛な歌」の旋律が茫洋とただよう「厳粛な歌」（1996）、そして同じくブラームスの「ドイツ・レクイエム」に触発された「記されたものの解読」（2002）だろう。とりわけ後者においては、十九世紀におけるドイツ統一直前に書かれたブラームス作品と、悲痛な分裂を経た後の統一ドイツにおいて書かれたリームの音楽が、重ね合わされることになる。

オーストリアのゲオルク・ハース（1953–）も、モーツァルト、シューベルト、メンデルスゾーンなどの旋律が、彼独特の倍音音響の中でたゆたう作品を書いている。ユニークなのは、

ジョスカン・デ・プレのミサ曲をもとにした「ひとつから三つを」(2001)。ここでは最初に原曲の旋律線がそのまま(トランスクリプション)、次に原曲をさまざまな楽器で彩色したかたちで(アレンジメント)、そして最後は原素材を自由に展開する(パラフレーズ)というように段階的に変容を遂げる。

スイスのミカエル・ジャレル(1958-)による「ドビュッシーの三つのエチュード」(1992)、あるいはフランスのマーク＝アンドレ・ダルバヴィ(1961-)による「ヤナーチェクの作品によるオーケストラ変奏曲」(2006)など、同様の例は枚挙に暇がない。

これらの「編曲」を、オリジナリティ神話に対する疑義や、借用、簒奪(さんだつ)、転用といった概念との関連から、二十世紀末の美術にみられるシミュレーショニズムと対比させることも、ある程度は可能かもしれない。

ただし美術のシミュレーショニズムが、マルボロの煙草広告をそのまま複写したリチャード・プリンスの作品に象徴されるように、テクノロジーによる複製や、アートをめぐる制度への批判、そしてキッチュで大衆的な事物の使用などによって特徴づけられるのに対して、音楽の場合には、シリアスな音楽史に対する注釈といった側面がきわめて強い。

また、先にも述べたように、これらの「編曲」作品は、作曲家の音楽史観の反映、あるいは自らのアイデンティティへの問いかけという意味で(とりわけリームの例などに顕著だが)、多かれ少なかれナショナリズムの色彩を帯びていることにも留意しなければならないだろう。

現代オペラの隆盛とレジーテアター

オペラ制作の熱気は、その後も加速しており、依然として多くの作曲家が競いあうようにして新作を発表している（ブーレーズでさえも、晩年にはハイナー・ミュラー台本によるオペラを構想していた）。

ピアノ曲などとは異なり、オペラは公的組織が莫大な予算を組んで制作にあたるから、評価の低い（あるいは政治力のない）作曲家に委嘱がなされることは基本的にはない。ゆえに、オペラを書くこと自体がひとつのステイタスともいえよう。

前章でみたリームらの例と同じく、こうした現代オペラでは、ジャンルの本質を成す多層性を生かすべく、古典を軸にした題材設定がなされている例が目立つ。

たとえば「フィガロの結婚」を下敷きにしたジョン・コリリアーノ「ヴェルサイユの幽霊」(1991)、チェーホフ原作によるペーテル・エトヴェシュ「三人姉妹」(1997)、お伽噺をグロテスクに変容させたハインツ・ホリガー「白雪姫」(1998)、シェイクスピア戯曲によるシャリーノ「マクベス」(2003)、ルイス・キャロル原作によるチン・ウンスク（陳銀淑）「不思議の国のアリス」(2004)、ゲーテを下敷きにしたパスカル・デュサパン「ファウストゥス　最後の夜」(2004)、ギリシャ悲劇によるイヴァン・フェデーレ「アンティゴネ」(2006)、ゲーテ原作によるエマヌエル・ヌネス「メルヘン」(2007) 等々……。

もちろん、これらにおいては古典がそのままオペラ化されているわけではなく、何らかのメタレベルにおいて扱われることになる。

たとえば、特殊奏法のスペシャリストであるヘルムート・ラッヘンマン（1935-）が自ら台本も担当した「マッチ売りの少女」（1996）の場合。彼の基本的な戦略は——以前にも述べたように——音楽による「異化」にあるが、この作品で彼は、誰もが知るアンデルセン童話から、連想ゲームのようにして、二つの派生テキストを引き出す。

「マッチ売りの少女」（2019年，チューリヒ歌劇場）.

まず「疎外された少女」という観点から、一九六八年にフランクフルトで放火事件を起こした赤軍派の一員エンスリンの手記を、そして「火への畏怖(いふ)」という点から、レオナルド・ダ・ヴィンチが火山について綴った文章を。かくして、このオペラでは「マッチ売りの少女」という存在がある種のイメージとして薄くただよう中で、エンスリンとダ・ヴィンチのテキストが切れ切れに語られる。その背後で、オーケストラは終始一貫して管楽器のスースー、シューシューといった息音や、弦楽器の胴を叩いたり擦ったりする音を出し続けるのである。

Column ラッヘンマン「マッチ売りの少女」日本初演

二〇〇〇年三月、演奏会形式ながらも、このオペラの日本初演が秋山和慶指揮の東京交響楽団ほかによって、サントリーホールで行われた。

もちろん、逃してはならぬと聴きに行ったのだが、開演前にふと振り向くと、斜め後ろにはかわいく着飾った小学生くらいの姉妹を二人連れた、スーツ姿のお父さんが座っている。きっと「マッチ売りの少女」のオペラがあると聞いて、家族でやってきたのだろう。日本初演だから、どんな曲か知らないのは当然なのだが、なんとも気の毒になってしまった。

オペラがはじまってみると、舞台はほぼ真っ暗なまま、オーケストラと歌手による音響がガリガリ、ギシギシ、ポコポコ、キーキーと続くばかりで、物語などなにも分からない。筆者は十分に楽しんだものの、しかし一方で、二時間弱のあいだ、後ろの姉妹が気になって仕方なかった（曲が終わっておそるおそる振り返ると、少女たちはぐっすり眠りこんでいた）。「異化」というのは時に罪なものである。

一方、新作の世界を離れて、モーツァルトやプッチーニといった古典作品の上演に目を転じるならば、レジーテアター（演出家主導による演劇）と呼ばれる、原作を何らかの形で読み替え、現代に蘇らせようとする演出が急速に増えていることが指摘できる。

一九七六年、パトリス・シェローが、ワーグナー「ニーベルングの指環（ゆびわ）」の舞台設定を神話から産業革命期に移し、巨大ダムを中心にした現代劇に作り替えた演出がひとつの嚆矢とされているが、二十一世紀の現在、背広や皮ジャンを着たジークフリートが登場するタイプの演出は、もはや珍しいものではなくなった。

背広どころか、舞台が宇宙という演出もある。二〇一七年のアレクサンドル・モルク＝アイデムの「魔笛」ではタミーノの宇宙船が不時着するところから始まり、あからさまにスター・ウォーズ的な光景が展開するし、同年のクラウス・グートの「ラ・ボエーム」では、宇宙飛行士のロドルフォが、異星においてミミとの儚い恋愛を回想する。

クラウス・グート演出のプッチーニ「ラ・ボエーム」（2017年，パリ・オペラ座）．

こうした演出には、単に目新しさの追求にはとどまらない、いくつかの目的がある。

まず、神話や貴族社会を現代へと移し替えることにより、オペラで描かれている世界が遠いメルヘンではなく、我々と地続きの問題であることを示そうとするもの。たとえば二〇〇一年のハンス・ノイエンフェルス演出「こうもり」は、オルロフスキー宅のパーティを麻薬中毒者の巣窟（そうくつ）として描き出し、賛否両論を巻き起こした（聴衆のひとりは、「私が観たのは「こうもり」ではない」とチケット代返還の訴訟を起こした）。

何らかの社会批判や歴史批判を織り込む演出も多い。ワーグナーのオペラとナチスを重ね合わせる演出はその典型だろう。二〇〇八年のステファン・ヘアハイム演出「パルジファル」は、物語と近代ドイツ史を交錯させて、聖なる愚者の物語を相対化しようとする。

また、原作のさまざまな不具合（差別的な構造や、首尾一貫しないストーリー展開など）を補おうとする場合もある。二〇〇六年のペーター・コンヴィチュニー演出「魔笛」では、ザラストロの家父長制的な抑圧にパミーナがあからさまな嫌悪感を示すし、二〇一九年のアレックス・オリエ演出「トゥーランドット」では、自責の念にかられたトゥーランドットが最後は自害を遂げる。

こうした演出は、原作の世界を壊すものとして厳しく非難されることもあるが、ひとつの物語を読み替える試みは、やはり創作と同じく「多層性」「多義性」というオペラの特徴をさらに増幅するものといえよう。

現代音楽のポップ化、あるいは資本主義リアリズム

シャリーノやリームよりもさらに若い世代、すなわち二十一世紀において音楽界の中心を成す作曲家たちに、新しい傾向は存在するだろうか。

歴史というのは近くになればなるほど多様な事象が目にとびこんでくるから、ひとつの流れを見出すことは難しい。しかし――もちろん例外も山ほど指摘できるとはいえ――ひとつの傾向が感じられなくもない。それを正確には何と呼んだらよいか分からないのだが、一種の「ポップ化」とでもいうべき事態が進行しているように見えるのだ。

「ポップ化」とはいかにも曖昧な言葉だが、まずは字義通り、ここでは何らかの形でポピュラー音楽に近い相貌を備えていることを指している。さらにいえば、それは「調性的」ということでは必ずしもなく、むしろ規則的でスピーディな拍の進行などに代表される、どこかエンターテインメント的な感性を思わせる時間軸に特徴づけられる。

ややくだけた表現を使うならば、「意味ありげ」ではない音楽といってもいいかもしれない。何かをこちらが察せねばならないような音の塊ではなく、どういう形であれ表現が明快で、その意味ではきわめて「分かりやすい」音楽。

当初、筆者はこうした傾向を「新ロマン主義」の延長線上で捉えていたのだが、そのうちに「ポップ化」といった言葉で括る方が適当であると考えるようになった。念のために付け加えておくと、重要なのは、もともとポピュラー音楽寄りの作曲家が「ポップ」な曲を作るということではなく、その時々の前衛を代表する作曲家たちが、こうした傾向を見せるようになっていることだ。

以下、いくつか具体例を挙げてみたい。

まずは、フランコ・ドナトーニ（1927–2000）を先駆とする、イタリア出身の一群の作曲家たちの仕事。ドナトーニは七〇年代後半以降の作品――たとえば「呼吸」（1977）など――において、規則的な拍の上で、さまざまな音型が増殖してゆくスタイルを確立するが、その切り込むようなスピード感とカラフルな楽器法による明るい音の色合いは、筆者がいうところの「ポッ

ステファーノ・ジェルヴァゾーニ（1962–）.

プ」のひとつの原型といえる。

イタリア出身のイヴァン・フェデーレ（1953–）、ルカ・フランチェスコーニ（1956–）、ステファーノ・ジェルヴァゾーニ（1962–）らの作品は、用いられている音高システムはそれぞれ異なっていても、少なからぬ部分において規則的な拍が保持され、その上をさまざまな走句（パッセージ）が層を成して駆け抜けてゆくものが多い。たとえばジェルヴァゾーニの「イーレネ・シュティンメ」（2006。このタイトルはあえてドイツ語の文法を壊したもの）はそうした例のひとつ。

また、フィンランドのマグヌス・リンドベルイ（1958–）の九〇年代以降の作品は、「管弦楽のための協奏曲」（2003）に典型的にみられるように、ハリウッドの映画音楽を思わせる華麗な音絵巻を繰り広げる。その音の鳴り方の派手さは、それまでの現代音楽の持つ一種の「暗

さ」から大きな距離をとるものだ。

スイス出身のベアト・フラー（1954–）の作品は、音程こそ堅い無調の様式を示しているものの、どこかロック的ともいえる反復と突進を特徴としているし、もともとジャズに傾倒していたというイギリスのマーク＝アンソニー・タネジ（1960–）の楽曲にも同じことがいえる。

そして、より若い世代の前衛作曲家たちにも、この兆候は感じられる。たとえば「サチュラシオン（飽和）楽派」と呼ばれることのある、フランク・ペドロシアン（1971–）やラファエル・センド（1975–）。パリ音楽院とＩＲＣＡＭで学んだ彼らは、スペクトル楽派の後継者と目される作曲家であり、その楽曲は多くの場合、極端な特殊奏法による擦過音と歪んだノイズが飽和状態を成す。しかし、たとえばセンドの「イン・ヴィーヴォ」（2011）に明らかなように、その過激な音響はポップなスピード感によって接続されている。

ラファエル・センド（1975–）.

そしてドイツの俊英エンノ・ポッペ（1969–）。彼の音楽もまた、楽譜こそ微分音や不均等な分割の連符で埋め尽くされているものの、ピアノ三重奏による「トラウベン」（2005）の逡巡（しゅんじゅん）なく流れる時間感覚は、やはりこれまでの現代音楽と異質な印象を受ける。さらにいえば、ミュンヘン生まれのクラリネット奏者／作曲家であるイェルク・ヴィトマン（1973–）の作品も、奇抜な特殊奏法とポップな感覚が一体化している例だろう。

彼らは前衛が開拓してきたイディオムを高度なレベルで利用しているから、一見すると旧来の現代音楽と変わらないようにも見える。しかしその底流に流れるスピード感（たとえテンポは遅くとも）や開放的な性格が、これまでのクラシック／現代音楽よりもポピュラー音楽との近親性を感じさせるのだ。

日本の作曲家に目を転じれば、フランスと日本を往復しながら活動する望月京（もちづきみさと）（1969–）やイギリスに拠点を置く藤倉大（ふじくらだい）（1977–）にも同様の傾向が指摘できるだろう。

オルガ・ノイヴィルト（1968–）．
©Harald Hoffmann.com.

ちなみに、一九六一年に東ドイツから西ドイツに移住した美術家ゲアハルト・リヒターは、一時期、「資本主義リアリズム」という用語を掲げて活動していたことがある。この名称は、たとえ東側の社会主義リアリズムを逃れたとしても、西側で芸術を行なうということは、資本主義的な「ポップ化」を強制されることとなのだというアイロニーを鮮やかに示すものだろう。

二十一世紀に入ってからこの語は、資本主義が世界にとって唯一の選択肢となった、冷戦後の状況を指すものとしても使われるようになったが（マーク・フィッシャー『資本主義リアリズム』）、とするならば、冷戦後に顕在化している現代音楽のポップ化を「資本主義リアリズム」という枠組みで考察することも可能かもしれない。

念のために付け加えれば、もちろんそうしたタイプの作品ばかりではない。ヴァージニア・ウルフの原作を用い、台本、演出、衣装のすべてに女性を起用して初演されたオペラ「オーランドー」（2019）を書いたオーストリアの女性作曲家オルガ・ノイヴィルト（1968–）、あるいは同じくオーストリアのヨハネス・マリア・シュタウト（1974–）らの作品は「ポップ」という語には馴染まないだろう。

また、かすれた倍音の響きが、東洋的な静謐の中に浮かんでは消える、フランス人作曲家マーク・アンドレ（1964–）の作品も同様。オーケストラのための「…auf…」三部作（2007）をはじめとして、彼の楽曲では時間はほぼ静止したままだ。

筆記から音響へ――楽譜作成ソフトの発展

二十一世紀に入って、「フィナーレ」「シベリウス」などに代表される楽譜作成ソフトが急速に普及し、今や多くの作曲家がパソコンに向かって楽譜を書くようになった。このことの意味は決して小さくない。というのも、本書で何度も強調しているように、作曲とはなにより「譜面を書くこと」だったからだ。

二十世紀に入り、作曲技法がどんどん複雑化してゆくと、作曲家たちは、建築家の製図と同じような態度で楽譜を制作するようになった（そうした自筆譜はしばしば、そのまま版下として使われる）。精密で美しい楽譜を書くためには、一定期間の修業と経験に加えて、あえていえば若干の美術センスも必要だ。しかし、楽譜作成ソフトの急速な発展は――もちろんこれを使いこなすのにも時間がかかるとはいえ――そうした技術を多くの人に開きつつある。

これらのソフトの発展・普及によって何が生じるのか。

一言でいえば、それは現代音楽を特徴づけてきた、極度に筆記的な側面の衰退ないしは変容である。精密な譜面を書く技術ではなく、あくまでもその中身が問題になる時代が到来するといってもよい。なんだか不思議な話に聴こえるかもしれない。問題は常に中身なのではないかと。しかし、その「中身」の一部が記譜であることが、むしろ現代音楽のひとつの特徴だったともいえるのだ。

近年の楽譜作成ソフトは鍵盤によって音符を入力することもできるし、外部の楽譜をスキャンすることもできる。さらには疑似的な音色とはいえ、オーケストラのスコアを鳴らすことも可能だ。作曲という行為のあり方は、かくして微妙に変わりはじめている。その意味において、現在の楽譜ソフトは、決して単なる清書マシンではなく、「作曲支援ソフト」ともいえる。

この状況は、自動翻訳機の発達にもどこか似ていよう。かつて外国語を読めることは、学者や知識人の条件であり、大きな武器であった。しかし、今のペースで自動翻訳の精度が上がってゆくと、将来的には外国語を読む能力は必須ではなくなるかもしれない。少なくとも今より重要度が減ることは確かだろう。海外の書物や論文を誰もが簡単に読めるようになったとき、情報の多寡を越えた、個々の思想の「中身」が問われることになる。

筆記から音響へ。たとえば近年の藤倉大の活動にも、その兆候が感じられる。イギリスに拠点を置いて世界からの作品委嘱に応える藤倉は、高度な作曲／筆記の技術を持った作曲家だが、このところ彼は自らのＣＤをプロデュースし、ミキシングなどの作業を経て発売するという形態を好んで取っている。もちろんそれらの曲はもともと楽譜に書かれているわけだが、ここで「作品」の実体は、少しずつ楽譜から録音された音響へと移動しつつある。

また、藤倉を含めて、近年のヨーロッパの若手には生演奏におけるマイクやスピーカーの使用に躊躇がない作曲家が増えているが、こうした傾向もクラシック音楽の末裔たる「現代音楽」の変容を示していよう。

藤倉大（1977−）．写真：読売新聞社．

音楽批評のほうへ

最後に、音楽学者・批評家として、自らを省みながら書いておきたいことがある。それは音楽における批評が、他の芸術ジャンルに比べて十分な「幅」を備えていないように思われることだ。

新聞や音楽雑誌には、日々、多くの批評が掲載されているが、そのほとんどは字数の制限もあって、個々の演奏会やＣＤに関する短いレポート、つまり記事に近いものだ。

しかし、とりわけ現代芸術においては、創作者が試みている仕掛けを分析し、それを批判的に検討する作業は不可欠だ。単に良い／悪いの判断を越えた次元の文章が書かれなければ、読み手の知的好奇心を満足させることはできないし、創作へのフィードバックも起こらないだろう。

元来、音楽はきわめて「保守的」な芸術ジャンルであり、研究や批評の側にもその性格は否応なく降りかかってくる。ごく単純な話をすれば、ピカソの作風の変遷を一日で摑むことは（画集を眺めれば）一応は可能だが、ストラヴィンスキーについて知ろうとするならば、主要作品を一通りＣＤで聴くだけでも膨大な時間と集中力を要する。また、録音がなかったり、個々の作品の細部について語ろうとしたりする場合には「楽譜を読む」という、それなりの訓練が必要な作業も必要になるから、美術や文学に比べた時に本格的な批評が乏しいのは致し方ない面もある。

しかしそれでも、音楽という現象を、他のさまざまな芸術との連関や、歴史、思想、社会理論といった多面的な角度から探り、作品をより大きな脈絡の中に位置づける作業はどうしても必要だ。すぐれた音楽作品が同時に批評としての機能を果たすように、新しい視点をもたらす批評もまた、ひとつの創作として音楽史という生きた波の中に放り込まれることになるだろう。

あとがき

現代音楽史を書こうとした動機はいくつかある。

まず類書がほとんどないこと。日本語で書かれた書物で二十一世紀までを含めて通観できるもの、それもある程度コンパクトなものが必要だと考えていた。実際、いまだに柴田南雄『西洋音楽史　印象派以後』（1967初版）を参照する人もいると聞くので（確かに名著ではあるが）、いくらなんでも情報や音楽史観をアップデートしなくてはならない。

そして、「はじめに」にも書いたが、現代音楽の世界が十分に知られていないように見えること。文学、美術や映画など、現代の文化に関心のある人ならば、ストラヴィンスキーやケージについては多少の知識があるに違いない。しかし、その後の世代に関してはどうだろうか。クンデラやゴダールには興味があっても、リゲティやカーゲルの作品を聴いたことがない、アイ・ウェイウェイ（艾未未）や村上隆の名は知っていても、彼らと同世代の作曲家の名はまったく思い浮かばないという人は、かなり多いのではないだろうか。

これらのジャンルをそのまま比較対照させてよいのかどうかはともかく、いずれにしても相当に不均等であることは間違いない。小著は、そうした人へのメッセージでもある。こっちの水も甘い……かどうかは分からないが、けっこう面白いことは保証したい。

＊

とはいえ、実際に通史の執筆に取り掛かる勇気はなかなか起きなかった。あてもないまま緩やかに資料を集め、のんびり章立てを考えていたにすぎない。

そうしたなか、二〇二〇年の春から一年間、アメリカの大学で研究員を務めることになった。日々の仕事を調整しながら手はずを整え、あとは出国するばかりという頃。ウイルスの暗い影がみるみるうちに世界を覆いはじめ、ついに米大使館はヴィザの発給をストップしてしまった。状況をみる限り、少なくとも数か月間は日本で待機しなければいけない。

なんたる不運かと、まる二日間落ち込んだ。しかし、転んでもただでは起きたくない。奇妙な「逆ギレ」状態のなかで、ぽっかりと空いたこの期間に懸案の音楽史を執筆するしかない、という天啓（?）が突然に下ったのだった。

突然メールを送りつけてしまったにもかかわらず、丁寧に話を聴いてくださった松室徹さん

（中央公論美術出版）にまずは深い感謝をささげたい。松室さんに最初にお会いしたのは三月三十一日の午後、まさに僕がアメリカ行きの機内にいるはずの時間だった。松室さんは中公新書編集部の小野一雄さんを紹介してくださり、本格的に企画がスタートした。

小野さんからは「一般の大学一年生が理解できるように」という基本コンセプトを最初にいただいたのだが、いざ書きはじめてみると、読者の一角を成すであろう多くの現代音楽ファンのことが頭に浮かんでしまい、もっとマニアックな記述を増やさねばならないのではないかという奇妙な不安がわいたりもした。そもそも現代音楽史を原稿用紙三百五十枚程度のなかに収めるには、「何を入れるか」よりも「何を削るか」という判断が常に要求される。あの作曲家も、この作品も扱えなかった、という悔いは残るものの、一般書としてよい塩梅になったのではないかとも思っている。

執筆にあたっては、年表的な事実の羅列にならないように、全体としてひとつのストーリーを構成するように、と終始心がけた。もっとも、歴史には誰しもにそれぞれの視点があり、力点の置き方の可能性が無数に存在する。ゆえに、ある程度の知識をお持ちの方であれば、本書で展開される物語にさまざまな点で違和感を覚えるに違いない。しかし、そこから新たな議論が始まるだろう。

また、個々のトピックスについてはできる限り最新の論文をサーヴェイすること、そして本文中で名前を挙げる楽曲については、一部のオペラ等を除けばできる限り――「春の祭典」のような名曲であっても――あらためて最初から最後まで通して聴くというルールを自分に課した。結果として、時間はかかったものの大変に勉強になった。

主要参考文献は、まともに記すと大部のものになってしまうので、直接的にアイディアや文言を引用したごく一部のものに留めてある。そして本書の大きな主眼は「現代音楽」を孤立した領域としてとらえず、なるべく社会・思想や関連芸術のなかに置くことにあるため、巻末の索引も音楽家だけでなく、すべての人名を含むものとなっている。

執筆中は、定期的に原稿を送るたびに、松室さんと小野さんからダブルでさまざまなアドバイスが届くという、書き手としてはなんとも贅沢な状況が出来した。ご厚意に少しでも応えられればよいのだが。

二〇二〇年十二月五日　マサチューセッツ州ケンブリッジのアパートにて

沼野雄司

主要参考文献

【第1章】

石田一志『シェーンベルクの旅路』春秋社、二〇一二年。

ヴォリンゲル『抽象と感情移入――東洋芸術と西洋芸術』草薙正夫訳、岩波文庫、一九五三年。

カンディンスキー、フランツ・マルク編『青騎士』岡田素之、相澤正己訳、白水社、二〇〇七年。

ストラヴィンスキー、イーゴリ『私の人生の年代記――ストラヴィンスキー自伝』笠羽映子訳、未來社、二〇一三年。

スミス、ジョーン・アレン『新ウィーン楽派の人々――同時代者が語るシェーンベルク、ヴェーベルン、ベルク』山本直広訳、音楽之友社、一九九五年。

ハール＝コッホ、J編『シェーンベルク／カンディンスキー出会い――書簡・写真・絵画・記録』土肥美夫訳、みすず書房、一九八五年。

Auner, Joseph. *A Schoenberg Reader: Documents of a Life*. Yale U. P., 2003.

Boss, Jack. *Schoenberg's Atonal Music: Musical idea, Basic image, and specters of tonal function*. Cambridge U. P., 2019.

Kenneth, Hicken. "Schoenberg's Atonality:Fused Bitonality?" In *Tempo* No. 109, 1974.

Simms, Bryan R. "My Dear Hagerl: Self-Representation in Shoenberg's String Quartet No.2." In *19th century Music* 26/3, 2003.

【第2章】

コクトー、ジャン『ジャン・コクトー全集4　雄鶏とアルルカン――音楽をめぐるノート』佐藤朔訳、東京創元社、一九八〇年。

シュムペーター『経済発展の理論――企業者利潤・資本・信用・利子および景気の回転に関する一研究　上・下』塩野谷祐一ほか訳、岩波文庫、一九七七年。

ヘッセ、ヘルマン『荒野のおおかみ』高橋健二訳、新潮文庫、一九七一年。

細川周平『レコードの美学』勁草書房、一九九〇年。

ユラール＝ヴィタール、エヴリン『フランス六人組――20年代パリ音楽家群像』飛幡祐規訳、晶文社、一九八九年。

ラカー、ウォルター『ワイマル文化を生きた人びと』脇圭平ほか訳、ミネルヴァ書房、一九八〇年。

ロス、アレックス『20世紀を語る音楽　1・2』柿沼敏江訳、みすず書房、二〇一〇年。

Fauser, Annegret. "Aaron Copland, Nadia Boulanger, and the Making of an American Composer" In *The Musical Quarterly* 89/ 4, 2006.

Jackson, Jeffrey H. *Making Jazz French: Music and Modern Life in Interwar Paris.* Duke U. P., 2003.

Jewitt, Clement. "Music at the Bauhaus, 1919–1933" In *Tempo* No. 213, 2000.

Messing, Scott. *Neoclassicism in Music: From the Genesis of the Concept through the Schoenberg/ Stravinsky Polemic.* University of Rochester Press, 1996.

【第3章】

シヴェルブシュ、W『三つの新体制——ファシズム、ナチズム、ニューディール』小野清美、原田一美訳、名古屋大学出版会、二〇一五年。

シラク、ジャック『ジャック・シラク　フランスの正義、そしてホロコーストの記憶のために——差別とたたかい平和を願う演説集』松岡智子監訳、野田四郎訳、明石書店、二〇一七年。

田之倉稔『ファシストを演じた人びと』青土社、一九九〇年。

千葉潤『ショスタコーヴィチ』音楽之友社、二〇〇五年。

長木誠司『第三帝国と音楽家たち』音楽之友社、一九九八年。

ハチャトリヤン、アラム「創造の大胆さとインスピレーションについて」小宮多美江訳、『音楽芸術』一九五四年四月号。

ルナチャルスキー、A『革命のシルエット』原暉之訳、筑摩書房、一九七三年。

ロストロポーヴィチ、ムスチスラフほか『ロシア・音楽・自由』田中淳一訳、みすず書房、一九八七年。

Bindas, Kenneth J. *All This Music Belongs to the Nation: The WPA's Federal Music Project and American Society.* University of Tennessee Press. 2003.

Chimènes, Myriam (ed.). *La vie musicale sous la Vichy.* Editions Complexe, 2001.

Fulcher, Jane. *Renegotiating French Identity: Musical Culture and Creativity in France during Vishy and the Ferman Occupation.* Oxford U. P., 2018.

Illiano, Roberto (ed.). *Italian music during the Fascist period.* Brepols Pub, 2004.

Karlin, Fred. *Listening to Movies: The Film Lover's Guide to Film Music.* Schirmer Books, 1994.

Kater, Michael. *Composers of the Nazi Era: Eight portraits.* Oxford U. P., 2000.

Pettis, Ashley. "The WPA and the American Composer." In *The Musical Quarterly* 26/1, 1940.

【第4章】

アドルノ、テオドール・W『新音楽の哲学』龍村あや子訳、平凡社、二〇〇七年。

グリーンバーグ、C『グリーンバーグ批評選集』藤枝晃雄編訳、上田高弘ほか訳、勁草書房、二〇〇五年。

シュトックハウゼン『シュトックハウゼン音楽論集』清水穣訳、現代思潮社、一九九九年。

ターナー、フレデリック・J『アメリカ古典文庫9　フレデリック・J・ターナー』渡辺真治、西崎京子訳、研究社、一九七五年。

ナティエ、J＝J、R・ピアンチコフスキ編『ブーレーズ／ケージ往復書簡——1949–1982』笠羽映子訳、みすず書房、二〇一八年。

マン、トーマス『トーマス・マン全集6　ファウストゥス博士』円子修平、佐藤晃一訳、新潮社、一九七二年。

Beal, Amy C. "Negotiating Cultural Allies: American Music in Darmstadt, 1946–1956" In *Journal of the American Musicological Society* Vol. 53/1, 2000.

Delaere, Mark (ed.). *Rewriting Recent Music History: The Development of early Serialism 1947–1957*. Peeters, 2011.

Fairclough, Pauline. *Twentieth-Century Music and Politics*. Achgate, 2013.

Maor, Eli. *Music by the Numbers: From Pythagoras to Schoenberg*. Princeton U. P., 2018.

Nørgårds, Per. "Inside a symphony" In *Numus-West 2* no. 2, 1975.

Thacker, Toby. *Music after Hitler,1945–55*. Achgate, 2007.

【第5章】

川崎弘二編著『日本の電子音楽　増補改訂版』愛育社、二〇〇九年。

シェフェール、ピエール「ドレミの外では何もできない」小林善美訳、『ユリイカ』一九九八年三月号。

ブレンド、マーク『未来の〈サウンド〉が聞こえる——電子楽器に夢を託したパイオニアたち』ヲノサトル訳、アルテスパブリッシング、二〇一八年。

Barnhisel, Greg. *Cold war modernists: art, literature, and American cultural diplomacy*. Columbia U. P., 2015.

Iverson, Jennifer. *Electronic Inspirations: Technologies of the cold war musical avant-garde*. Oxford U. P., 2019.

MacDonald, Ian. *Revolution in the Head: The Beatles Records and the Sixties*. Vintage Books, 2009.

Saunders, Frances Stonor. *The Cultural Cold War: The CIA and the World of Arts and Letters*. Reprint Edition, 2013.

Schaeffer, Pierre. *Treatise on Musical Objects: An Essay across Disciplines*. trans. by Christine North and John Dack. University of California Press, 2017.

【第6章】

グロボカール、ヴィンコ「反応すること……」高橋悠治訳、『トランソニック』第五号、一九七五年。

高橋悠治『水牛楽団のできるまで』白水社、一九八一年。

ナティエ、ジャン＝ジャック『レヴィ＝ストロースと音楽』添田里子訳、アルテスパブリッシング、二〇一三年。

フライ、ノルベルト『1968年——反乱のグローバリズム』下村由一訳、みすず書房、二〇一二年。

レヴィ＝ストロース、クロード『生のものと火を通したもの（神話論理1）』早水洋太郎訳、みすず書房、二〇〇六年。

Everett, Yayoi Uno. *The music of Louis Andriessen*. Cambridge, 2006.

Heile, Björn. *The Music of Mauricio Kagel*. Routledge, 2016.

Hicks, Michael."Text, Music and Meaning in the Third Movement of Luciano Berio's Sinfonia." In *Perspectives of New Music* 20/2, 1982.

Mahnkopf, Claus-Stefan（ed.）. *The Foundations of Contemporary Composing*（*New Music and Aesthetics in the 21st Century vol. 3*）. Wolke Verlag, 2004.

Osmond-Smith, David. *Playing on words: a guide to Luciano Berio's Sinfonia*. Routledge, 1985.

【第7章】

タラスキン、リチャード「オーセンティシティとは何か」岡部真一郎訳、『現代思想十二月臨時増刊　もうひとつの音楽史』青土社、一九九〇年。

沼野雄司「ヴィンコ・グロボカール（インタビュー）」『音楽の友』二〇一五年十一月号。

ブーレーズ、ピエール『ブーレーズ音楽論——徒弟の覚書』船山隆、笠羽映子訳、晶文社、一九八二年。

ホブズボーム、エリック『20世紀の歴史——両極端の時代上・下』大井由紀訳、ちくま学芸文庫、二〇一八年。

Duncan, Stuart Paul. "Re-Complexifying the Function(s) of Notation in the Music of Brian Ferneyhough and the 'New Complexity'" In *Perspectives of New Music* 48/1, 2010.

Gottschalk, Jennie. *Experimental Music since 1970*. Bloomsbury, 2016.

Mahnkopf, Claus-Stefan, et al.（ed.）. *Polyphony & Complexity*（*New Music and Aesthetics in the 21st Century vol. 1*）. Wolke Verlag, 2002.

Ulman, Erik. "Some Thoughts on the New Complexity" In *Perspectives of New Music* 32/1, 1994.

Wörner, Felix, et al. *Tonality Since 1950*. Franz Steiner Verlag, 2017.

【第8章】

フィッシャー、マーク『資本主義リアリズム——「この道しかない」のか？』セバスチャン・ブロイ、河南瑠莉訳、堀之内出版、二〇一八年。

ベンヤミン、ヴァルター『ベンヤミン・コレクション1　近代の意味』浅井健二郎編訳、久保哲司訳、ちくま学芸文庫、一九九五年。

Biró, Dániel Péter, Kai Johannes Polzhofer（ed.）. *Perspectives for Contemporary Music in the 21st Century*. Wolke Verlag, 2016.

117
モンテヴェルディ，クラウディオ 99, 251
モントゥー，ピエール 5
モンドリアン，ピート 52, 66
モンロー，マリリン 160

【ヤ行】
ヤナーチェク，レオシュ 250
山田耕筰 106, 108, 186
ヤルナッハ，フィリップ 32
ヤング，ラ・モンテ 193, 194
湯浅譲二 155
ユン・イサン（尹伊桑） 241, 242, 244
ヨアヒム，ヨーゼフ 91
吉松隆 217
米田栄作 170

【ラ行】
ライヒ，スティーヴ 191, 192, 194, 224
ライリー，テリー 192, 193
ラヴェル，モーリス 34, 36, 251
ラカー，ウォルター 61
ラーコシ，マーチャーシュ 141
ラッヘンマン，ヘルムート 167, 168, 242, 255
ラドゥレスク，ホラチウ 236
ラフマニノフ，セルゲイ 34-36, 75
リゲティ，ジェルジ 141, 152, 156, 164, 165, 214, 216, 220, 221, 241, 267
リスト，フランツ 36
リヒター，ゲアハルト 262
リーフェンシュタール，レニ 96
リープクネヒト，カール 64
リーム，ヴォルフガング 218, 219, 221, 222, 252, 254, 258
リュリ，ジャン＝バティスト 44
リンドベルイ，マグヌス 260
ルシエ，アルヴィン 162, 202
ルッソロ，ルイジ 46
ルトスワフスキ，ヴィトルド 140
ルナチャルスキー，アナトリー 75-77
ルーニング，オットー 153
ルノワール，ジャン 24
ルリエー，アルテュール 76, 77
レイボヴィッツ，ルネ 118, 119
レヴィ＝ストロース，クロード 182, 184
レオナルド・ダ・ヴィンチ 255
レスピーギ，オットリーノ 98, 103
レーナウ，ニコラウス 34
レーニン，ウラジーミル 76, 77, 84, 221
レハール，フランツ 62
レーリヒ，ニコライ 20
ロウ，キース 196
ロス，アレックス 45
ロストロポーヴィチ，ムスティスラフ 83, 87
ロスラヴェッツ，ニコライ 33, 76
ローゼンシュトック，ヨーゼフ 88
ロックバーグ，ジョージ 216
ロッシーニ，ジョアッキーノ 252
ロッセリーニ，ロベルト 112, 113

【ワ行】
ワインガルトナー，フェリックス 50
ワーグナー，リヒャルト 8, 26, 40, 54, 94, 95, 113, 188, 221, 222, 239, 257, 258
ワルター，ブルーノ 104

細川周平　49
細川俊夫　242
ボッケリーニ，ルイジ　251
ポッペ，エンノ　261
ボードレール，シャルル　199
ポパー，カール　30
ホブズボーム，エリック　238
ホフマン，ヨゼフ　50
ホリガー，ハインツ　135, 199, 233, 242, 254
ボルヘス，ホルヘ・ルイス　200
ホロヴィッツ，ウラディミール　75
ポロック，ジャクソン　133
ホワイトマン，ポール　59, 63

【マ行】

マイヤー＝エプラー，ヴェルナー　151
マオール，エリ　125
マクドナルド，イアン　160
マショー，ギョーム・ド　252
マスカーニ，ピエトロ　97
マチャド，アントニオ　188
マチューナス，ジョージ　138
マッカートニー，ポール　160
松本清張　155
マデルナ，ブルーノ　119, 154, 161
マヌリ，フィリップ　235
マヤコフスキー，ウラジーミル　76
黛敏郎　154
マーラー，グスタフ　12, 26, 30, 91, 182, 225, 251
マリピエロ，ジャン・フランチェスコ　98, 99
マルク，フランツ　13, 14
マルクス，カール　160, 221
マルチヌー，ボフスラフ　141, 142
マレーヴィチ，カジミール　76
マン，トーマス　119, 120
マン，ハインリヒ　17
マーンコプフ，クラウス・シュテファン　232
水野修孝　217
ミース・ファンデル・ローエ，ルートヴィヒ　66, 212
ミャスコフスキー，ニコライ　79
ミュラー，ハイナー　221, 254
ミュライユ，トリスタン　202, 203, 235
ミヨー，ダリウス　55, 57, 59, 100, 189
ミロ，ジョアン　52
三輪眞弘　244
ムッソリーニ，ベニート　74, 96, 97, 99, 110
村上隆　267
メイエルホリド，フセヴォロド　76, 77
メシアン，オリヴィエ　102, 146, 148, 189, 221
メッシング，スコット　42
メトネル，ニコライ　75
メリアム・アラン　186
メンデルスゾーン，フェリックス　91, 108, 252
毛沢東　183, 207, 221, 223
モソロフ，アレクサンドル　47
望月京　262
モーツァルト，ヴォルフガング・アマデウス　7, 39, 63, 116, 173, 226, 252, 256
モーツァルト，レーオポルト　116
モートン，ジェリー・ロール　46
モホリ＝ナジ，ラースロー　66
モリス，ロバート　195
モルク＝アイデム，アレクサンドル　257
諸井誠　119, 209
モン，マティアス・ゲオルク

フェラーリ，リュック　150
フェルドマン，モートン　137
フォルトナー，ヴォルフガング　118
フォン・メック，ナジェジダ　26
深井史郎　107
フーコー，ミシェル　233
藤倉大　262, 265
プスール，アンリ　159
ブゾッティ，シルヴァーノ　135
プッチーニ，ジャコモ　98, 251, 256
フラー，ベアト　261
フライ，ノルベルト　190
ブラウン，アール　137
プラトン　76
ブラームス，ヨハネス　7, 12, 34, 189, 252
ブランカ，グレン　204
フランク，セザール　189
プーランク，フランシス　55, 56, 99
ブーランジェ，ナディア　58, 104, 106, 127, 193
フランセ，ジャン　100
フランチェスコ（アッシジ）　221
フランチェスコーニ，ルカ　260
ブリテン，ベンジャミン　108, 142
プリンス，リチャード　253
フルシチョフ，ニキータ　140
フルトヴェングラー，ヴィルヘルム　90, 93, 113
プレヴォー，エディ　196
ブーレーズ，ピエール　119, 121, 122, 124, 131, 141, 148, 165, 214, 216, 233–235, 254
ブレヒト，ベルトルト　67, 71, 168, 169
フレンニコフ，ティホン　86, 87, 140, 228, 229
フロイト，ジークムント　16
プロコフィエフ，セルゲイ　47, 75, 84
ヘアハイム，ステファン　258
ベイリー，デレク　195
ヘイル，ビョルン　199
ベイル，フランソワ　149
ベーカー，ジョセフィン　53, 62
ベケット，サミュエル　182, 199
ヘスポス，ハンス＝ヨアヒム　200
ペタン，フィリップ　100
ヘッセ，ヘルマン　63
ベートーヴェン，ルートヴィヒ・ファン　i, 7, 40, 51, 81, 134, 182, 206, 225, 226, 239
ペドロシアン，フランク　261
ヘミングウェイ，アーネスト　53
ベリオ，ルチアーノ　119, 154, 166, 181, 182, 184, 185, 188, 189, 214, 220, 221, 249–251
ベリャーエフ，ミトロファン　26
ベルク，アルバン　12, 15, 18, 29, 34, 79, 118, 120
ペルゴレージ，ジョヴァンニ・バッティスタ　42
ヘルダーリン，フリードリヒ　233
ペルト，アルヴォ　228, 229
ヘルム，エヴェレット　114
ベルリオーズ，エクトル　188
ベン，ゴットフリート　17
ヘンツェ，ハンス・ヴェルナー　119, 219, 241
ヘンデル，ジョージ・フレデリック　117
ペンデレツキ，クシシュトフ　164–166, 170, 216
ヘンドリックス，ジミ　180
ベンヤミン，ヴァルター　246, 247, 249
ホグウッド，クリストファー　226

45, 54, 55, 182
トムソン，ヴァージル　58, 171
トルストイ，レフ　223

【ナ行】
ナボコフ，ウラジーミル　171
ナボコフ，ニコラス　171
ニクソン，リチャード　178, 205, 223
西村朗　242
ニジンスキー，ヴァーツラフ　20
ニューマン，バーネット　133
ヌネス，エマヌエル　236, 254
ネトル，ブルーノ　186
ノアゴー，ペア　127
ノイヴィルト，オルガ　263
ノイエンフェルス，ハンス　257
ノーノ，ルイジ　119, 161, 171, 207
信時潔　108
ノリントン，ロジャー　226
ノルデ，エミール　14, 17, 91

【ハ行】
ハイス，ヘルマン　118
ハイドン，ヨーゼフ　79, 205
ハイフェッツ，ヤッシャ　75
バイヤー，ロバート　151
ハウアー，ヨーゼフ・マティアス　128, 129
ハーヴェイ，ジョナサン　236
パウンド，エズラ　53
バエズ，ジョーン　180
橋本國彦　107
ハース，ゲオルク・フリードリヒ　237, 252
パーチ，ハリー　137
ハチャトゥリヤン，アラム　86
バック，パール　104
バッハ，ヨーハン・ゼバスティアン　i，7, 10, 48, 52, 117, 134, 157, 173, 182, 225, 250, 252
バビット，ミルトン　124, 125, 127, 154
バーベリアン，キャシー　135
ハーマン，バーナード　158
ハーメル，ペーター・ミヒャエル　194
バラケ，ジャン　148
ハリス，ロイ　58, 104
バルト，ロラン　233
バルトーク，ベラ　104, 105, 140
バルメール，イヴ　102
バロン，ルイス&ベベ　158, 159
バーンスタイン，レナード　204, 205
ハンソン，ハワード　103
ピカソ，パブロ　14, 52–54, 76, 266
ピストン，ウォルター　58
ピツェッティ，イルデブランド　108
ヒッチコック，アルフレッド　158
ヒトラー，アドルフ　74, 88, 94, 95, 97, 110, 119
ビートルズ　160, 251
ピュタゴラス　125
ピラネージ，ジョヴァンニ・バッティスタ　230
平山美智子　201
ヒンデミット，パウル　32, 46, 47, 66, 69–71, 91, 93, 104, 106
ファウザー，アングレット　58
ファーニホウ，ブライアン　230, 232
フィッシャー，マーク　262
フィッツジェラルド，スコット　53
フィニシー，マイケル　230
フーイファールツ，カレル　121, 151
フェデーレ，イヴァン　236, 254, 260

ジョプリン，ジャニス　180
シラク，ジャック　100
ジロー，アルベール　17
スカルコッタス，ニコス　118
スカルラッティ，ドメニコ　42
スクリャービン，アレクサンドル　26, 30, 76
スーザ，ジョン・フィリップ　44, 45
スタイン，ガートルード　53
スターリン，ヨシフ　74, 80, 82, 140
スターン，アイザック　172
スティル，ウィリアム・グラント　59
ステラ，フランク　195
ストコフスキー，レオポルド　36
ストラヴィンスキー，イーゴリ　5, 19–21, 34, 36, 41–47, 52, 66, 67, 91, 104, 105, 117, 142, 189, 239, 241, 266, 267
スライ&ザ・ファミリー・ストーン　180
センド，ラファエル　261
ソクラテス　76
ソフローノフ，アナトーリィ　170

【タ行】
タイユフェール，ジェルメーヌ　55, 56
ダヴィッド，ジャック＝ルイ　39
高橋悠治　207
武満徹　7, 154, 186, 195, 209, 217, 218
タゴール，ラビンドラナート　223
タトリン，ウラジーミル　76
ターナー，フレデリック　135
タネジ，マーク＝アンソニー　261
タラスキン，リチャード　227
ダラピッコラ，ルイジ　118
ダルバヴィ，マーク＝アンドレ　253
ダンテ・アリギエーリ　188
タン・ドゥン（譚盾）　242, 243
チェーホフ，アントン　254
チェン・イ（陳怡）　243
チェン・チーガン（陳其鋼）　243
チャイコフスキー，ピョートル　26, 87
チューダー，デヴィット　135
チン・ウンスク（陳銀淑）　254
ツィンマーマン，ベルント・アロイス　188
ツェムリンスキー，アレキサンダー・フォン　104
ツェラン，パウル　111, 112, 219
ツェンダー，ハンス　251
ディアギレフ，セルゲイ　19–21, 42, 46
ディクス，オットー　69, 91
ディストラー，フーゴー　96
ディートリヒ，マレーネ　61
ティボー，ジャック　50
ディロン，ジェイムズ　230
手塚治虫　205
デッサウ，パウル　168–170
テニー，ジェイムズ　138
デュサパン，パスカル　254
デュレ，ルイ　55, 56
デル・トレディチ，デイヴィッド　216
デンク，クリス　230
ドゥミトレスク，イアンク　203
ドゥルーズ，ジル　233
ド・ゴール，シャルル　101, 178
トスカニーニ，アルトゥーロ　50, 97, 98, 104
戸田邦雄　119
トッホ，エルンスト　47
ドナトーニ，フランコ　260
ドビュッシー，クロード　26, 30,

ゴルバチョフ，ミハイル　227, 238
コルンゴルト，エーリヒ　104, 105
コレ，アンリ　55
コンヴィチュニー，ペーター　258
コンタルスキー，アロイス&アルフォンス　135
近藤譲　244

【サ行】

サイード，エドワード　243
三枝成彰　217
サティ，エリック　53–55
ザ・フー　180
サーリアホ，カイヤ　236
サリヴァン，ルイス　123
サルセード，カルロス　6
シヴェルブシュ，ヴォルフガング　102
シェイクスピア，ウィリアム　221, 222, 254
ジェイムズ，ヘンリー　143
シェック，オトマル　34
シェーファー，マリー　139, 140, 150
シェフェール，ピエール　101, 147, 148, 164, 172, 173
ジェフスキ，フレデリク　196, 207
ジェルヴァゾーニ，ステファーノ　260
シェルシ，ジャチント　201, 202
シェロー，パトリス　257
シェーンベルク，アルノルト　iii, 5, 8–17, 21, 28, 30–36, 38, 62, 64, 68, 79, 89, 91, 92, 99, 104, 107, 115–120, 122, 128, 129, 131, 239
ジダーノフ，アンドレイ　82, 84, 86
柴田南雄　119, 267
シベリウス，ジャン　34, 35, 160
島崎藤村　170
シャガール，マルク　52, 91
ジャッド，ドナルド　195
シャリアピン，ヒョードル　75
シャリーノ，サルヴァトーレ　221, 222, 232, 233, 251, 254, 258
シャール，ルネ　124
ジャレル，ミカエル　236, 253
シュヴィッタース，クルト　65
ジュウィット，クレメント　66
周恩来　223
シュタウト，ヨハネス・マリア　263
シュトックハウゼン，カールハインツ　119, 126, 135, 141, 148, 151, 152, 154, 156, 160–162, 165, 182, 186, 188, 197, 198, 201, 220, 221, 236, 241
シュトラウス，リヒャルト　62, 89, 90, 108, 113, 252
シュナーベル，アルトゥール　88
シュナーベル，ジュリアン　218
シュニトケ，アルフレート　169, 228, 229
シュネーベル，ディーター　200, 250
シューベルト，フランツ　11, 250–252
シューマン，ロベルト　157
シュミット，フランツ　34
シュミット，フロラン　100
シュルホフ，エルヴィン　64, 93
シュレーカー，フランツ　63, 89, 96
シュレンマー，オスカー　66
シュンペーター，ヨーゼフ　38, 39
ジョイス，ジェイムズ　188
ジョスカン・デ・プレ　253
ショスタコーヴィチ，ドミトリー　79–83, 87

索　引

オルフ，カール　94

【カ行】
カウエル，ヘンリー　66, 136, 164
カーゲル，マウリシオ　198–200, 244, 267
ガーシュウィン，ジョージ　59
カゼッラ，アルフレード　98, 99
カーター，エリオット　127
ガッゼローニ，セヴェリーノ　135
カーデュー，コーネリアス　196, 206, 207
カバレフスキー，ドミトリー　86
ガブリエリ，ジョヴァンニ　251
カラヤン，ヘルベルト・フォン　101, 226
カラン，アルヴィン　196
カーリン，フレッド　104
カルーソー，エンリコ　50
川島素晴　244
ガンジー，マハトマ　223
ガンツ，ブルーノ　249
カンディンスキー，ワシリー　13–16, 66, 76, 77, 91, 131
貴志康一　106
キッシンジャー，ヘンリー　223
キーファー，アンゼルム　218, 219
キャロル，ルイス　216, 254
キュネッケ，エドゥアルト　62
キルヒナー，エルンスト・ルートヴィヒ　91
キング，マーティン・ルーサー　53, 182, 223
クーセヴィツキー，セルゲイ　75
クセナキス，ヤニス　149, 163–165, 203
グート，クラウス　257
グバイドゥーリナ，ソフィア　229
クライスラー，フリッツ　50, 91
グラス，ギュンター　112
グラス，フィリップ　192–194, 223
グリゼイ，ジェラール　202, 203, 235
グリーンバーグ，クレメント　123, 133
クルシェネク，エルンスト　32, 63, 66, 91, 118
クレー，パウル　14, 66, 91, 246
グレチャニノフ，アレクサンドル　75
グレツキ，ヘンリク　216
クレーメル，ギドン　227–229
クーレンカンプ，ゲオルク　91
クレンペラー，オットー　88, 104
グロス，ジョージ　64, 69
グロピウス，ヴァルター　66
グローフェ，ファーディ　59
グロボカール，ヴィンコ　198, 247–250
クンデラ，ミラン　267
ゲイ，ピーター　60
ゲオルゲ，シュテファン　10, 12, 21
ケージ，ジョン　38, 129–139, 150, 159, 161, 173, 207, 222, 267
ゲッベルス，ヨゼフ　89
ゲーテ，ヨハン・ヴォルフガング・フォン　63, 118, 254
ケール，ジョン　194
孔子　206
コクトー，ジャン　53–55
ゴーゴリ，ニコライ　79
小杉武久　196
ゴダール，ジャン＝リュック　183, 184, 267
近衛秀麿　106
コープランド，アーロン　58, 59
コリリアーノ，ジョン　254
コルトー，アルフレッド　50, 100, 101

索引

【ア行】
アイ・ウェイウェイ（艾未未） 267
アイヴズ，チャールズ 136
アイスラー，ハンス 66, 68, 104, 168, 169
アイヒェンドルフ，ヨーゼフ・フォン 34
アイメルト，ヘルベルト 151–153
秋山和慶 256
アダムズ，ジョン 223
アドルノ，テオドール 112, 120
アーノンクール，ニコラウス 225
アペルギス，ジョルジュ 200
アームストロング，ルイ 205
アラゴン，ルイ 101
アングル，ドミニク 39
アンセルメ，エルネスト 45
アンタイル，ジョージ 59
アンダーソン，マリアン 205
アンドリーセン，ルイ 189, 224
アンドレ，カール 195
アンドレ，マーク 263
アンリ，ピエール 148
一柳慧 138
イベール，ジャック 108
入野義朗 119
ヴァイス，アドルフ 129
ヴァイル，クルト 66–68, 71, 104
ヴァレーズ，エドガー 6, 31–33, 59, 146, 149, 161
ヴィヴァルディ，アントニオ 99
ヴィシネグラツキー，イワン 76, 77
ヴィトマン，イェルク 261
ウィリアムス，ジョン 104
ウィルソン，ロバート 193
ヴィンケルマン，ヨハン・ヨアヒム 39
ヴィント，ヘルベルト 96
ウェーベルン，アントン 12, 15, 92, 118, 122, 213, 250
ヴェルディ，ジュゼッペ 250
ヴェルレーヌ，ポール 76
ヴェレシュ，シャーンドル 108
ヴェレス，エゴン 12, 107
ヴェンダース，ヴィム 250
ヴェンチューリ，ロバート 212
ヴォリンガー，ヴィルヘルム 17
ウォルフ，クリスチャン 137
ヴォルペ，シュテラン 66, 68, 104
ウサチェフスキー，ウラディミール 153
ウルフ，ヴァージニア 263
エイゼンシュテイン，セルゲイ 84
エヴァンジェリスティ，フランコ 152
エーコ，ウンベルト 154
エジソン，トーマス 48
エック，ヴェルナー 94, 95
エトヴェシュ，ペーテル 254
エリュアール，ポール 101
エルンスト，マックス 91
大木正夫 171
大澤壽人 106
尾高尚忠 106
オネゲル，アルテュール 47, 51, 55, 56, 99, 100
オノ，ヨーコ 160
オーマンディ，ユージン 205
オリエ，アレックス 258
オーリック，ジョルジュ 55, 56

沼野雄司（ぬまの・ゆうじ）

1965年（昭和40年），東京都に生まれる．東京藝術大学大学院音楽研究科博士後期課程修了．博士（音楽学）．東京音楽大学助教授，米ハーヴァード大学客員研究員などを経て，現在，桐朋学園大学教授．本書でミュージック・ペンクラブ音楽賞受賞．

著書『光の雅歌　西村朗の音楽』（共著，春秋社，2005年）
『リゲティ、ベリオ、ブーレーズ　前衛の終焉と現代音楽のゆくえ』（音楽之友社，2005年）
『ファンダメンタルな楽曲分析入門』（音楽之友社，2017年）
『エドガー・ヴァレーズ＝孤独な射手の肖像』（春秋社，2019年．吉田秀和賞受賞）
など

現代音楽史（げんだいおんがくし）
中公新書 *2630*

2021年1月25日初版
2022年10月30日再版

著　者　沼野雄司
発行者　安部順一

日本音楽著作権協会（出）許諾
第2010680-202号

本文印刷　三晃印刷
カバー印刷　大熊整美堂
製　　本　小泉製本

発行所　中央公論新社
〒100-8152
東京都千代田区大手町 1-7-1
電話　販売 03-5299-1730
　　　編集 03-5299-1830
URL https://www.chuko.co.jp/

Published by CHUOKORON-SHINSHA, INC.
Printed in Japan　ISBN978-4-12-102630-9 C1273

中公新書

芸術

k1

- 2072 日本的感性 佐々木健一
- 1296 美の構成学 三井秀樹
- 1741 美学への招待（増補版） 佐々木健一
- 2713 「美味しい」とは何か 源河亨
- 1220 書とはどういう芸術か 石川九楊
- 118 フィレンツェ 高階秀爾
- 385 386 カラー版 近代絵画史（増補版）（上下） 高階秀爾
- 2718 カラー版 キリスト教美術史 瀧口美香
- 1781 マグダラのマリア 岡田温司
- 2188 アダムとイヴ 岡田温司
- 2369 天使とは何か 岡田温司
- 2708 最後の審判 岡田温司
- 2232 ミケランジェロ 木下長宏
- 2614 カラー版 ラファエロ―ルネサンスの天才芸術家 深田麻里亜
- 2292 カラー版 ゴッホ〈自画像〉紀行 木下長宏
- 2513 カラー版 日本画の歴史 近代篇 草薙奈津子
- 2514 カラー版 日本画の歴史 現代篇 草薙奈津子
- 2478 カラー版 横山大観 古田亮
- 1827 カラー版 絵の教室 安野光雅
- 2562 現代美術史 山本浩貴
- 1103 モーツァルト H・C・ロビンズ・ランドン 石井宏訳
- 1585 オペラの運命 岡田暁生
- 1816 西洋音楽史 岡田暁生
- 2630 現代音楽史 沼野雄司
- 2009 音楽の聴き方 岡田暁生
- 2606 音楽の危機 岡田暁生
- 2702 ミュージカルの歴史 宮本直美
- 2395 ショパン・コンクール 青柳いづみこ
- 2569 古関裕而―流行作曲家と激動の昭和 刑部芳則
- 1854 映画館と観客の文化史 加藤幹郎
- 2694 日本アニメ史 津堅信之
- 2247 2248 日本写真史（上下） 鳥原学